ARISTÓTELES

La lógica del pensamiento

ANTONIO JOAQUÍN ROLDÁN MARCO

© Antonio Roldán Marco, 2018

Fecha de Publicación: 1 de agosto de 2017

2ª Edición: 7 de abril de 2018

Portada: Busto de Aristóteles, que se halla en el Palacio Altemps, Roma. en mármol, copia romana de un original griego de Lisipo (ca. 330 a.C.); el manto de alabastro es una adición moderna. De la colección Ludovisi.
https://es.wikipedia.org/wiki/Arist%C3%B3teles#/media/Archivo:Aristotle_Altemps_Inv8575.jpg

Callosa de Segura (Alicante) – ESPAÑA

ISBN: 9781521991084

Colección: LECTURAS DE FILOSOFÍA. 11

ÍNDICE

Puedes acceder a todo el material del autor (PPTs, vídeos, enlaces a los libros y las lecturas, etc.), si visitas la web:
https://sites.google.com/view/roldantuprofedefilosofia/inicio

1. INTRODUCCIÓN

Aristóteles organizó el saber en un conjunto de ciencias, cada una de las cuales independiente de las demás. La **clasificación de las ciencias** realizada por Aristóteles fue la siguiente:

1. *Ciencias teoréticas*: Son las que tienen como objeto el ser en algún aspecto esencial o el ser en general. Se incluyen la Física, la Matemática y la Metafísica.
2. *Ciencias prácticas o normativas*: Son las que tienen por objeto la acción. Aquí están la Política y la Ética.
3. *Ciencias poiéticas*: Son las que tienen por objeto la producción de los objetos.

Estos tres tipos de ciencia poseen en común la forma, es decir, la naturaleza de su proceder o método.

La **Lógica** es, para Aristóteles, la ciencia que describe el procedimiento común o método a seguir de todas las ciencias descritas, es decir, la forma de las ciencias. Aristóteles fue el primero en concebir la lógica como ciencia independiente.

La Lógica sólo es válida si es posible separar la forma del contenido de las ciencias. Dicha separación depende de la posibilidad de abstraer la forma del contenido de estas ciencias. A su vez, la validez de esta abstracción depende de la teoría de la sustancia. Sólo cuando la forma sea sustancia a la vez, será posible abstraerla del contenido, y la lógica será en consecuencia válida.

Así, **la Lógica se fundamenta en la Metafísica**, al apoyarse en la teoría de la sustancia. La teoría de la sustancia es el fundamento de la verdad de todo conocimiento intelectual. La forma es, según Aristóteles *ratio essendi* (por ello es sustancia), y *ratio cognoscendi* (por ello es concepto). En cuanto sustancia y concepto, la forma garantiza su relación, y como esta relación garantiza la verdad del conocimiento y la racionalidad del ser, entonces la forma garantiza la verdad de todo conocimiento intelectual.

De aquí se sigue que ser y verdad se hallan en relación recíproca, siendo el fundamento de esta relación la realidad. La verdad del concepto se funda en la sustancialidad de la forma, y no al revés, es decir, la Metafísica precede y fundamenta a la Lógica.

La Lógica, de este modo, **no es** entendida por Aristóteles como **mera ciencia "formal"** (sin objeto o sin contenido), pues su objeto es la forma de la ciencia en general.

La Lógica tiene como **finalidad** analizar el lenguaje apofántico[1] o declarativo, propio de las ciencias teoréticas. En este tipo de lenguaje, la verdad o la falsedad depende de que la unión o separación de los signos que forman una proposición reproduzcan o no la unión o separación de las cosas reales. Existe también un lenguaje no apofántico, como la plegaria, pero, para Aristóteles, el apofántico es superior y todo los demás están fundamentados en él.

El lenguaje apofántico no es convencional. Para Aristóteles, el lenguaje es convencional en su diccionario, no en su sintaxis, de modo que la Lógica ha de estudiar la sintaxis del lenguaje (el lenguaje apofántico) para analizar su objeto (la forma de la ciencia y del ser).

---

[1] *Apofántica* es la sección de la lógica referida a los juicios. En tal sentido se dice que una proposición es apofántica cuando en la misma se afirma o se niega algo.

2. EL *"ÓRGANON"* ARISTOTÉLICO

1. INTRODUCCIÓN

"*Órganon*" es el nombre con el que se define el conjunto de tratados lógicos de Aristóteles. El término "*órganon*" significa "instrumento". Esta palabra fue establecida por los comentadores de Aristóteles, quienes consideraron a la Lógica como un instrumento de la Filosofía, siguiendo así la tradición peripatética.

La recopilación de los escritos de Aristóteles se realizó en el año 322 a.C. y allí fue donde se le dio tal nombre y significación. No adquirió el título de "Lógica" hasta cinco siglos después con Alejandro de Afrodisia.

El conjunto de textos lógicos aristotélicos que constituyen el "*Órganon*", o *Corpus aristotélico*, son los que siguen:

1. "*Categorías*".
2. "*Sobre la Interpretación*" ("*De Interpretatione*" o "*Peri Hermeneias*").
3. "*Primeros Analíticos*", formado por dos libros.
4. "*Segundos Analíticos*", también con dos libros.
5. "*Tópicos*", configurado por ocho libros, y
6. "*Elencos Sofísticos*".

Aparte de estas obras, de los libros denominados en su conjunto "*Metafísica*", el cuarto está dedicado íntegramente a problemas de Lógica.

Otros escritos, como la "*Retórica*" y la "*Poética*", por ejemplo, contienen también aquí y allá cuestiones lógicas.

Este conjunto de escritos está lejos de ser un conjunto ordenado, y da la sensación de haber sido escritos en distintos momentos, sin tener una unidad.

2. PROBLEMAS QUE PLANTEAN LAS OBRAS LÓGICAS DE ARISTÓTELES

Los problemas que plantea el conjunto de tratados lógicos de Aristóteles son esencialmente tres:

1. *Problema de la autenticidad*: En líneas generales, pese a haberse puesto en duda la autenticidad de todos los escritos lógicos en repetidas ocasiones, sólo se considera que las *"Categorías"* sean probablemente inauténticas.

2. *Problema de la naturaleza de los escritos:* Las obras lógicas de Aristóteles no están ordenadas de forma sistemática. La máxima unidad se da en *"Sobre la Interpretación"* y en *"Tópicos"*. En *"Primeros Analíticos"* hay diferencias entre sus partes. *"Segundos Analíticos"* es una compilación de notas para explicaciones. Por otra parte, en todas las obras del *"Órganon"* se dan múltiples interpolaciones.

3. *Problema de la cronología*: Partiendo de un texto que aparece en *"Primeros Analíticos"* (I, 1, 100a 25ss.), Andrónico de Rodas realizó la ordenación de las obras lógicas de Aristóteles:
    1. *"Categorías"* trata de los términos.
    2. *"Sobre la Interpretación"*, de la sentencia o enunciado.
    3. *"Primeros Analíticos"*, del silogismo.

4. "*Segundos Analíticos*", del silogismo apodíctico (o científico).
5. "*Tópicos*", del silogismo dialéctico.
6. "*Elencos sofísticos*", del silogismo sofístico.

Es posible que el mismo Aristóteles, al final de su vida, expusiera esta ordenación. Se puede decir que no hay criterios cronológicos externos, pero sí hay algunos internos en la propia obra lógica de Aristóteles que nos puede servir para fijar con más exactitud el orden temporal. Son los siguientes:

1. En "*Primeros Analíticos*" aparece el silogismo por vez primera y no vuelve a aparecer más que unas pocas veces. Debido a la importancia del hallazgo es extraño que Aristóteles lo utilice tan poco. Así, las obras en que aparece serán posteriores a las que no aparece.
2. Lo mismo ocurre con el uso de las variables. Hay escritos en los que no aparecen, siendo de gran trascendencia. Así, éstos son anteriores a aquéllos, en los que sí aparecen.
3. Mientras en unos escritos Aristóteles se muestra como un lógico primitivo, en otros aparece como un lógico consumado. Este criterio es el más importante, aunque esa distinción sólo es perceptible por los más expertos en el tema. Cuanto más perfecta es

la técnica de análisis y de demostración, más tardía es la obra.

4. Se puede distinguir en Aristóteles una lógica modal y otra asertórica[2]. La primera posee como elemento esencial la doctrina del acto y la potencia; la otra, en la que no aparece esta doctrina, se caracteriza por su platonismo. Así, las obras de lógica asertórica serían anteriores los de lógica modal.

5. Junto a estos cuatro criterios se pueden considerar otros, como la evolución que presenta la teoría del silogismo, el empleo inicial de las letras como abreviaturas de palabras y su posterior utilización como variables, y la evolución que presenta la lógica modal en su formación.

Así pues, el orden cronológico sería el siguiente, teniendo en cuenta los criterios anteriores:

1. FASE INICIAL: "*Tópicos*", junto con las "*Categorías*" (si es que es auténtica), son los primeros. Las razones para afirmar esto es que no hay huellas del silogismo, ni de variables, ni de lógica modal, y el nivel técnico de especulación es bajo. "*Elencos sofísticos*" sería

---

[2] Según el Diccionario de la RAE, el término "asertórico" se dice de un juicio que afirma o niega algo como verdadero, sin que lo sea necesariamente, a diferencia del apodíctico, que es necesariamente cierto.

el último libro de "*Tópicos*", aunque parece más tardío. Dentro de esta primera época estaría el Libro Cuarto de la "*Metafísica*". "*Tópicos*" y "*Elencos sofísticos*" constituyen, así pues, la primera lógica de Aristóteles.

2. FASE DE TRANSICIÓN: "*Sobre la Interpretación*" y, quizás, el Libro Segundo de "*Segundos Analíticos*". En el primero no aparecen ni silogismos, ni variables, mientras que, en el segundo sí, pero de modo incipiente. El nivel de especulación es mayor que el de la fase inicial.

3. FASE PREFINAL: Libro Primero de "*Primeros Analíticos*", menos los Capítulos 8 a 22. Constituye la segunda lógica de Aristóteles, pues aparece una silogística desarrollada. Utiliza el silogismo y las variables, y su nivel técnico es elevado. No contiene nada de lógica modal. Algunos introducen aquí el Libro Primero de "*Segundos Analíticos*", tesis impugnada por F. Solmsen y contraimpugnada por W. D. Ross.

4. FASE FINAL: Capítulos 8 a 22 del Libro Primero y el Libro Segundo de "*Primeros Analíticos*". Aparece una lógica modal elaborada y observaciones sobre el sistema de la silogística. Su nivel técnico es el más elevado,

pues llega a construir proposiciones lógicas empleando variables de enunciado.

La seguridad en esta exposición cronológica sólo alcanza a afirmar la existencia de dos lógicas: la de "*Tópicos*" y "*Elencos sofísticos*", y la de "*Analíticos*", y que "*Sobre la Interpretación*" conforma una fase de transición. También se puede afirmar la existencia de una tercera lógica, la lógica modal.

3. CONTENIDO DE LAS OBRAS DEL "*ÓRGANON*"

1. "*Categorías*": En esta obra distingue Aristóteles entre expresiones proposicionales y expresiones no proposicionales. Las expresiones no proposicionales son aquellas que no son ni verdaderas ni falsas, y significan una de las siguientes cosas: sustancia, cantidad, cualidad, relación, lugar, tiempo, posición, estado, acción y pasión. Son las diez categorías aristotélicas. La noción de expresión proposicional apareció ya en Platón, pero la de expresión no proposicional es original de Aristóteles. La clasificación de las categorías es muy ambigua, pues no se sabe si hay que considerarla como ontológica, es decir, como refiriéndose a entidades

extralingüísticas, o a entidades puramente lingüísticas, es decir, a palabras y expresiones.

2. "*Tópicos*": Posee la finalidad de servir a todos los que se ven envueltos en polémicas, necesitando por ello de argumentos. Están conformados por sugerencias acerca de cómo refutar o afirmar una tesis, mediante un argumento.

3. "*Elencos sofísticos*": Trata de las falacias. Por ello se le puede considerar como formando parte de los "*Tópicos*".

4. "*Sobre la Interpretación*" y "*Primeros Analíticos*": Son las obras lógicas más importantes escritas por Aristóteles. Contienen:
   1. La teoría de la oposición, que determina cuáles son las relaciones existentes entre una afirmación y su correspondiente negación.
   2. La teoría de la conversión.
   3. La teoría del silogismo categórico, y
   4. La teoría del silogismo hipotético.

5. "*Segundos Analíticos*": Más que de Lógica se ocupan del método científico, es decir, de la demostración y sus características.

Para concluir, se puede afirmar que los textos más importantes del "*Órganon*" de Aristóteles, es decir, aquéllos en los que se encuentran los hallazgos lógicos de mayor valor son:

1. "*Sobre la Interpretación*", capítulos 5 a 8, 10, 11 y 14, y
2. "*Primeros Analíticos*", Libro Primero, capítulos 1 a 7.

3. "CATEGORÍAS"

1. EL PROBLEMA DEL CONTENIDO METAFÍSICO DE LAS "CATEGORÍAS"

Cuando los compiladores configuraron el "Órganon", no estaba claramente establecida la línea que separa los textos estrictamente lógicos de los que no lo eran. Por ello, resulta hoy difícil comprender la decisión de aquéllos de introducir las "Categorías" en el "Órganon". Y esto porque una buena parte de las teorías de esta obra son metafísicas más que lógicas.

De todas formas, la teoría desarrollada en las "Categorías", pese a no pertenecer al grupo de las que tienen un carácter puramente lógico, ha ejercido una notable influencia en la lógica posterior.

2. AMBIGÜEDAD DE LAS "CATEGORÍAS"

Las "Categorías" es una obra que se caracteriza por su ambigüedad, tanto en su intención, como en su contenido. Vamos a citar dos de las más claras muestras de lo que afirmamos:

1. No está nada claro si lo que Aristóteles trata de clasificar son símbolos o lo que

éstos simbolizan, es decir, palabras o cosas.

2. Tampoco está claro si Aristóteles se ocupa sólo de predicados o lo hace de términos en general, incluidos todos los que hacen las veces de sujeto.

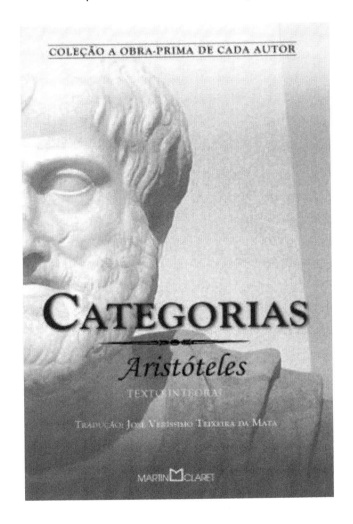

COLEÇÃO A OBRA-PRIMA DE CADA AUTOR

CATEGORIAS

Aristóteles

TEXTO INTEGRAL

TRADUÇÃO: José Veríssimo Teixeira da Mata

MARTIN CLARET

3. CONTENIDO DE LAS "CATEGORÍAS"

Establece Aristóteles una distinción, que es bien conocida, entre homónimos, sinónimos y parónimos[3]. Luego, divide todas las expresiones en simples y complejas. La expresión simple se refiere a una de las categorías. El resto de la obra se dedica prácticamente a la discusión de las diversas categorías y, en particular, por su mayor extensión, de la sustancia (Capítulo 5) y de la cualidad (Capítulo 8).

Vamos a recoger aquí un texto necesario por su trascendencia, que presenta la enumeración de las diez categorías, centro temático de la obra:

"Después de esto vamos a referir los géneros de las categorías, a los cuales pertenecen las cuatro citadas. Son en número de diez: la sustancia, la cantidad, la cualidad, la relación, el "ubi", el "cuándo", el "situs", el "habitus", la acción, la pasión. A una de estas categorías, en efecto, deben pertenecer siempre el accidente, el género, el propio y la definición, pues todas las premisas constituidas por medio de ellos significan, o al "qué", o el "cómo", o el "cuánto", o alguna otra categoría. Y es evidente que el que expresa el "qué" expresa, bien la sustancia,

---

[3] Según el Diccionario de la RAE, "homónimo" es un adjetivo que se dice de una persona o de una cosa que, con respecto de otra, tiene el mismo nombre; "sinónimo" es un adjetivo que se dice de una palabra o de una expresión que, respecto de otra, tiene el mismo significado o muy parecido, como empezar y comenzar; finalmente, "parónimo" es un adjetivo que se dice de una palabra que tiene con otra una relación o semejanza, sea por su etimología o solamente por su forma o sonido, como vendado y vendido.

bien el "cómo", bien alguna otra categoría. Pues cuando, tratándose de un hombre, aclara que el ser en cuestión es un hombre o un animal, dice qué es y expresa la sustancia; y cuando, tratándose del color blanco, aclara que la realidad en cuestión es blanca o de color, dice qué es y expresa la cualidad. Y de igual forma cuando, tratándose de la dimensión de un codo, aclara que lo que está en cuestión es la dimensión del codo, dirá qué es y expresa la cantidad. Y de la misma manera sucede con las restantes categorías."

("*Tópicos*", Libro I, Capítulo 9, 103b, 20-37)

Los cinco últimos capítulos de "*Categorías*" no se ocupan de ellas, sino de una mezcla de términos generales, tales como: oposición, privación, prioridad, simultaneidad, movimiento y posesión, y sus ambigüedades correspondientes. A estos términos luego se les denominará "postpredicamentos".

También creemos necesario introducir aquí un texto en el que se establece la distinción entre sustancia primera y sustancia segunda.

"Substancia en el sentido primero y principal, así como más literal y más común, es lo que ni se predica de un sujeto ni se da en este último, como sucede por ejemplo con el hombre o el caballo individuales. Se llama, en cambio, sustancias segundas a las especies a que pertenecen las cosas que llamamos substancias en su sentido primario, así como a los géneros de esas especies. Por ejemplo, el individuo *hombre* pertenece a la especie hombre, y el género de esta última es *animal*. Es, pues, a estas substancias a las que se da el nombre de segundas, como sucede, por ejemplo, con el hombre específico y el animal genérico".

("*Categorías*", Capítulo 5, 2a, 11-19)

4. AMBIGÜEDADES

Esencialmente, se han encontrado dos ambigüedades en el texto de las *"Categorías"*:

1ª Ambigüedad: *¿Clasifica Aristóteles símbolos (palabras) o lo que simbolizan (cosas)?* Parece ser que Aristóteles no fue consciente de esta ambigüedad que tantos problemas ha creado a sus comentadores. La clave para su solución parece que nos la da Porfirio, cuando dice:

"Pues como son las cosas, así son las expresiones que en principio las expresan"

("*In Aristotelis Categorias Expositio per Interrogationem et Responsionem*", IV (I), página 71)

Así, parece ser que lo que Aristóteles clasifica son tipos de entidades. Ahora bien, utiliza las diferencias existentes entre las reglas que rigen las diferentes expresiones lingüísticas como una guía para estudiar las distinciones entre los tipos de entidades.

2ª Ambigüedad: *¿Se ocupa Aristóteles de predicados o de términos, incluidos los que hacen las veces de sujeto?* La respuesta se sigue de lo dicho. Si Aristóteles se interesaba por los tipos de entidades, es normal que no prestara gran atención a la cuestión de si las palabras que las expresan hacen las veces de sujeto o de predicado en cada ocasión.

Las "*Categorías*" se ocupan de las cosas significadas por los términos, bien hagan les veces de predicado o de sujeto.

5. RAZONES DE LA FORMULACIÓN DE LA TEORÍA DE LAS "*CATEGORÍAS*"

Las razones que movieron a Aristóteles a configurar la teoría expuesta en las "*Categorías*" se pueden resumir en dos:

1ª) Aristóteles tropezó con el problema de la distinción entre diferencias intercategoriales y diferencias intracategoriales, e intentó resolverlo.

2ª) Parece que en "*Categorías*" Aristóteles intenta contraponer su doctrina propia a la teoría platónica de las Ideas, pues echa frecuentemente mano de aquélla para mostrar su contrariedad ante el platonismo.

La oposición a la teoría de las Formas de Platón se realiza en dos direcciones:

a) *Es una teoría simplista del significado*: Platón se halla, parece ser, comprometido con la tesis de que todo término posee una significación unívoca (la Idea o Forma correspondiente). Aristóteles intenta refutarla diciendo que hay casos de términos que se pueden aplicar a todas las categorías y que, por tanto, no pueden tener una significación unívoca.

b) *Confunde la categoría de la sustancia con el resto de categorías:* Las Ideas o Formas son tratadas por Platón, según Aristóteles, como si fueran sustancias, es decir, capaces de existir independientemente, y esto no es cierto. Sólo la sustancia primera posee existencia independiente; el resto de categorías existe dependiendo de ella.

Aristóteles, si en realidad lo que pretende es contraponer su teoría de las categorías a la teoría de las Formas platónica, no le hace justicia a Platón, porque su concepción de los predicados aplicables en todas las categorías parece deber algo a la doctrina platónica de los géneros supremos del "*Sofista*". Es posible, de todos modos, sin embargo, que Aristóteles haya querido ir más lejos que Platón, distinguiendo entre términos omniaplicables y los que no lo son. Debe quedar claro, sin embargo, que las categorías no son términos omniaplicables (son mutuamente excluyentes y, así, esencialmente clasificatorios). Pese a esto, difieren de otros géneros más elementales de términos clasificatorios en que no sirven para clasificar sustancias primeras. Categorías y términos omniaplicables se conectan por el hecho de que la omniaplicabilidad de un término es condición necesaria, aunque no suficiente, para que pueda predicarse de los objetos incluidos bajo todas las categorías.

6. CONSECUENCIAS DE LA TEORÍA DE LAS *"CATEGORÍAS"* EN LA LÓGICA

Podemos resumir en tres las consecuencias que para el dominio de la Lógica se derivan de la teoría aristotélica de las categorías:

1ª) La sustancia primera como sujeto esencial de la predicación provoca un enfatizamiento de la estructura sujeto-predicado de la proposición, lo que causó un retraso en el desarrollo de la Lógica hasta Leibniz.

Si el sujeto básico de la predicación es la sustancia primera, todas las verdades revestirían la forma "*Esto (sustancia primera) es tal y tal*", siendo las restantes verdades dependientes de aquéllas. La concentración en la estructura sujeto-predicado condujo a la clasificación cuádruple de "*Sobre la Interpretación*".

Así es que, desde luego, no es raro que esta concepción simplista de la naturaleza de las proposiciones haya actuado como impedimento para un desarrollo adecuado de la lógica de las relaciones y las proposiciones de generalidad múltiple.

2ª) La utilización del término *"sustancia"* para designar la sustancia primara y la segunda confunde la distinción entre proposiciones generales y singulares.

3ª) Las "*Categorías*" son el primer intento de elaborar una "teoría de tipos", teoría en la que las diversas entidades son objeto de clasificación en base a lo que de ellas se pueda decir con sentido.

4. *"TÓPICOS"*

1. INTRODUCCIÓN

Los "*Tópicos*" son un manual para la instrucción de todos los que toman parte en competiciones públicas sobre cuestiones controvertidas.

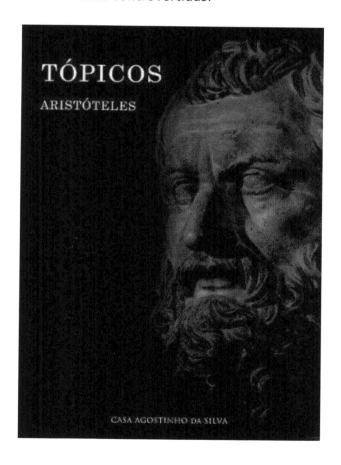

El contenido de los "*Tópicos*" está configurado por los trabajos clasificatorios y definitorios que se realizaron en la Academia. Así, la teoría de los predicables parece ser que había sido confeccionada en la Academia ya que Aristóteles introduce términos clave como *propiedad, accidente, género, especie y diferencia*, como si fueran algo muy familiar.

Los "*Tópicos*" son resultado de la reflexión sobre el método dialéctico tal y como éste se aplicaba a problemas de definición y clasificación. Se trata de una colección de observaciones sobre cuestiones lógicas, psicológicas y lingüísticas. Se puede decir que contienen una teoría lógica incipiente, que después maduraría en "*Sobre la Interpretación*" y en "*Primeros Analíticos*".

La evolución de la obra es la siguiente:

1º. De un interés práctico por triunfar en los diálogos competitivos mediante argumentos, se pasa a un interés teórico por la investigación de los argumentos.

2º. La pregunta "¿Cuál es la contradicción de un enunciado dado?" tendrá un interés especial, ya que es esencial establecer el punto en el que uno de los oponentes logra refutar al contrario. A partir de aquí se pasa a la teoría del cuadrado de la oposición, que es la principal contribución a la lógica del "*Sobre la Interpretación*".

3º. En cuanto que los oponentes intentan definir y clasificar, los enunciados que se consideren serán del tipo "*X es Y*" y "*X no es Y*". La configuración formal de tales enunciados y de sus contradicciones correspondientes, conforman los elementos básicos de la silogística de Aristóteles.

Se puede afirmar que "*Tópicos*" contiene no sólo elementos de los silogismos, sino también algunos característicos de la lógica proposicional y de la lógica de relaciones.

2. EL CONTENIDO DE LOS "TÓPICOS"

El **término** *"tópicos"* proviene de una palabra griega que se traduciría por "*lugar*". Así fue su traducción originaria. Más tarde, la traducción al castellano pasó a ser "*lugar común*", entendiendo por ello un tema o pauta recurrente en el discurso.

En la "*Retórica*" nos muestra más claramente la significación del término:

"Entiendo que los silogismos dialécticos y retóricos se ocupan de lo que llamamos *tópoi*. Estos son comunes a cuestiones relativas a la recta conducta, cuestionas físicas y políticas y muchas otras de diferente género entre sí, como por ejemplo el *tópos* de lo más y de lo menos."

("*Retórica*", Libro I, Capítulo 2, 1358a, 10 y ss.)

De este texto se sigue que "*tópos*" es algo que se encuentra en cualquier argumentación, con independencia de la materia sobre la que versa. Los "*tópoi*" son patrones estratégicos que se pueden utilizar en una argumentación, aparte del tema de la misma. En realidad, lo que Aristóteles está haciendo en "*Tópicos*" es configurar una serie de recomendaciones tácticas generales a las que después podamos ajustar el desarrollo de argumentaciones para la competición discursiva.

Al principio de "*Tópicos*" se establece la **distinción entre "*prótasis*" y "*próblema*"**. Tanto uno como otro son dos ejemplos de pregunta. La diferencia entre ambos es meramente formal:

1. *Prótasis*: Un ejemplo sería *¿Es "animal" el género de "hombre"?*
2. *Próblema*: Ejemplo de lo cual es *¿Es "animal" el género de "hombre" o no?*

En sí, no parece la distinción muy importante, pero si profundizamos podemos darnos cuenta de que mientras la "*prótasis*" puede ser el punto de partida de una argumentación, el "*próblema*" puede ser una cuestión que se plantea más tarde de cara a continuar dicha argumentación.

1. "*Prótasis*" procede de "*proteino*" (mostrar o exponer) y se refiere a algo que se ofrece a la consideración del interlocutor al comenzar la disputa.

2. "*Próblema*" procede de "*proballo*" (lanzar o arrojar) y se refiere a algo que se emite e insinúa a mitad de la discusión, una especie de sugerencia.

Tanto una "*prótasis*" como un "*próblema*" puede presentar la forma de una definición, de una propiedad, de un género o de un accidente del sujeto. En todos estos casos, la "*prótasis*" o el "*próblema*" envuelve un enunciado general.

Pero ¿qué son cada una de las cosas que hemos considerado como posibles formas de aparición de la "*prótesis*", o proposición, y del "*próblema*" o problema? Al responder a esta cuestión, Aristóteles entra de lleno en lo que se denomina como la **teoría de los predicables**. Vamos a verlo, clarificando algunos conceptos de modo previo:

1. *Definición*: En este caso, el predicado ofrecería la esencia del sujeto.
2. *Propiedad*: Se trata de algo que no es la esencia del sujeto, pero que es específico suyo y se predica de él.
3. *Género*: Consiste en la más vasta familia a la que el sujeto pertenece y dentro de la cual se distingue por su especie.
4. *Accidente*: Es una característica que puede pertenecer a los ejemplares de la especie, aunque no necesariamente.

Los dos primeros tipos de predicados son convertibles, es decir, de "*X es Y*" se puede pasar a "*Y es X*", y los dos últimos, no lo son.

Pero ampliemos estas ideas con algunos textos aristotélicos:

"Toda proposición y todo problema designan un *género* o un *propio* o un *accidente*. En este punto se ha de componer la diferencia específica con el género, en cuanto que con él está ligada. Y como una propiedad designa la esencia, y otra no la designa, se ha de dividir en las dos partes ahora indicadas y llamar a la parte que representa la esencia, *definición*; la otra se designará como *propio* de acuerdo con la denominación común que le hemos dado."

("*Tópicos*", Libro I, Capítulo 4, 101b, 17-23)

"Hemos de exponer ahora qué es *definición, propio, género* y *accidente*. *Definición* es una oración que declara la esencia. Aquí, en lugar de una palabra se pone una oración, o una oración en lugar de una oración, pues se puede definir también lo expresado mediante una oración."

("*Tópicos*", Libro I, Capítulo 5, 101b, 38 – 102a, 2)

"*Propio* es lo que no designa le esencia de una cosa, sino solamente le conviene y es convertible con ella en la sentencia. Así, es una propiedad del hombre el ser capaz de aprender la gramática: si, en efecto, es hombre, es capaz de aprender la gramática, y si es capaz de aprender la gramática, es hombre."

("*Tópicos*", Libro I, Capítulo 5, 102a, 18-22)

"*Género* es lo que se predica de varias cosas y diferentes según la especie, a modo de esencia."
("*Tópicos*", Libro I, Capítulo 5, 102a, 31 ss.)

"*Accidente* es lo que no es ninguna de estas cosas, ni definición, ni propio, ni género, mas conviene a la cosa, y lo que a una y misma cosa, sea cual fuere, puede convenir y no convenir, por ejemplo, a una y misma persona puede convenir y no convenir el estar sentado."
("*Tópicos*", Libro I, Capítulo 5, 102b, 4-8)

Esta teoría de los predicables descansa en dos importantes distinciones:
1. Entre predicación necesaria y no necesaria, y
2. Entre predicación convertible y no convertible.

Tras la teoría de los predicables, Aristóteles pasa a definir la naturaleza de **los argumentos dialécticos,** y, además, nos ofrece una serie de instrucciones generales para seleccionar las proposiciones a discutir y el examen de las mismas. A lo largo de su exposición, recapitula la teoría de las categorías y establece algunas distinciones importantes, como:
1ª) Distinción entre tres sentidos de la identidad: numérica, específica y genérica.

"Lo idéntico, para no describirlo más que en forma general, parece caer bajo una triple división. Llamamos a algo idéntico, bien según el número, bien según la especie o bien según el género. Idéntico según el número, a lo que tiene más de un nombre, pero la realidad es sólo una, como *vestido* y *manto*. Según la especie, a lo que siendo más de una cosa no muestra diferencia alguna específica, como, por ejemplo, *hombre* (es idéntico) a *hombre* y *caballo* a *caballo*; efectivamente, a tales cosas que quedan bajo la misma especie se les denomina idéntico en cuanto a la especie. De la misma manera, se llama idéntico según el género a lo que cae bajo el mismo género, como *caballo* (es idéntico) a *hombre*."

("*Tópicos*", Libro I, Capítulo 7, 103a, 7-14)

2ª) Distinción entre proposiciones relativas a la ciencia natural (éticas, físicas), y proposiciones lógicas.

3ª) Distinción entre inducción y deducción. (Ésta es, con seguridad, la más importante de las tres distinciones).

Más adelante, Aristóteles se ocupa de un conjunto de **cuestiones sobre la predicación del accidente**, que finaliza en el Libro III. El Libro IV trata del género, el Libro V, de la propiedad, y el Libro VI, de la definición. En el Libro VII se realizan una serie de reflexiones sobre la definición de cara a la ampliación de las consideraciones aristotélicas sobre la identidad. El Libro VIII finaliza con algunas cuestiones prácticas para los oponentes en un debate dialéctico.

3. PRELUDIOS DE LA TEORÍA DE LOS SILOGISMOS

Existen muchos pasajes en "*Tópicos*" que preludian o anticipan detalles de la silogística de Aristóteles. Así, cabe citar los siguientes:

1. Preludio de la teoría de la subalternación y de la distinción entre enunciados universales y enunciados particulares: La anticipación de la teoría de la subalternación y de la distinción entre enunciados universales y particulares aparece cuando Aristóteles dice:

"Al probar que un atributo corresponde a todos los individuos de un cierto género, habremos probado que corresponde a algunos de ellos."

("*Tópicos*", Libro II, Capítulo I, 109a, 3)

2. Preludio de las reglas de la silogística: Que en los "*Tópicos"* se anticipan las reglas de la silogística se puede apreciar con la lectura del siguiente pasaje:

"En orden a probar que los contrarios pertenecen a una misma cosa, es menester considerar el género de esta última. Por ejemplo, si deseemos demostrar que en relación con la percepción se pueden dar la corrección y el error, diremos que, ya que la percepción es un juicio y el juicio es susceptible de ser considerado correcto o incorrecto, también se podrá hablar de corrección o incorrección en el caso de la percepción. En esta ocasión, la demostración discurre del género a la especie; pues el juicio es el género de la percepción, ya que el hombre que percibe juzga de algún modo. Inversamente, podría procederse de la especie al género, pues lo que pertenece a la primera pertenece asimismo al segundo. Por ejemplo, si el conocimiento es bueno y malo, la disposición lo será también; pues la disposición sirve de género al conocimiento. Con vistas a sentar una proposición, el primero de estos *tópoi* es falaz, en tanto que el segundo es adecuado. Pues no es necesario que lo que pertenece al género tenga igualmente que pertenecer a la especie: así, el animal es alado y cuadrúpedo, pero el hombre no lo es; en cambio, lo que pertenece a la especie ha de pertenecer de igual manera al género: así, si el hombre es bueno, también lo será el animal. Mas si lo que se busca es refutar una proposición, entonces será el primero de ambos *tópoi* el que sea válido, en tanto que el segundo será inválido. Pues lo que no pertenece al género tampoco pertenece a la especie, mientras que lo que no pertenece a la especie no es en cambio necesario que deje de pertenecer al género."

("*Tópicos*", Libro II, Capítulo 4, 111a, 14-32)

En este pasaje se aceptan dos estructuras silogísticas y se rechazan otras dos:

a) Aceptadas:

1. "Si algún M es P y todo M es S, entonces algún S es P" (IAI, DIsAmIs, de la tercera figura).

    2. "Si ningún M es P y todo S es M, entonces ningún S es P" (EAE, CElArEnt, de la primera figura).

  b) Rechazadas:

    1. "Si algún M es P y todo S es M, entonces algún S es P" (IAI, de la primera figura, que no existe)

    2. "Si ningún M es P y todo M es S, entonces ningún S es P" (EAE, de la tercera figura, que no existe).

Si comparamos estos pasajes con la sección central de "*Primeros Analíticos*", nos daremos cuenta, sin embargo, de la lejanía de los "*Tópicos*" con respecto a una completa formalización de estos principios. A los "*Tópicos*" en comparación con los "*Primeros Analíticos*", les falta generalidad y precisión. En contrapartida, el tratamiento de aquella obra es, en algunos casos, más flexible que éstas. Por ejemplo:

    1. En "*Tópicos*" se habla de los predicados disyuntivos, como "correcto" o "incorrecto", que en "*Primeros Analíticos*" se excluyen.

    2. En "*Tópicos*" se consideran numerosas variedades de argumentos que no son reducibles a forma silogística, cosa que no se hace posteriormente.

3. Preludio de la doctrina de la reducción indirecta: En dos pasajes de "*Tópicos*" se anticipa la doctrina de la reducción indirecta:

<u>Primer Pasaje:</u>

"Si se hace del bien el género del placer, será menester considerar si hay algún placer que no sea un bien; pues, si lo hay, está claro que el bien no será el género del placer, ya que el género se predica de todo cuanto se halla incluido bajo una especie suya dada."

("*Tópicos*", Libro IV, Capítulo I, 120b, 17-20)

Aquí está empleando un silogismo AAA (BArbArA) de la primera figura: "Si todo placer es un bien y X es un placer, entonces X es un bien". Validando el silogismo en EAO (FElAptOn) de la tercera figura: "Si ningún X es un bien y todo X es un placer, entonces algún placer no es un bien."

<u>Segundo Pasaje:</u>

"Consideremos ahora si la especie en cuestión es verdadera de algo, en tanto el género no lo es, como sucedería, por ejemplo, si lo existente o lo cognoscible se propusieran como el género de lo opinable. Pues lo opinable podría predicarse de lo inexistente (toda vez que muchas cosas inexistentes son objeto de opinión), mientras que en cambio es obvio que lo existente o lo cognoscible no se pueden predicar de lo inexistente. De modo que ni lo existente ni lo cognoscible constituyen el género de lo opinable."

("*Tópicos*", Libro IV, Capítulo I, 121a, 20 y ss.)

Aquí el silogismo EIO (FErIsOn) de la tercera figura: "Si ninguna cosa es existente y alguna cosa inexistente es opinable, entonces alguna cosa opinable no es existente" queda respaldado mediante AII (DArII) de la primera figura: "Si toda cosa opinable es existente y alguna cosa inexistente es opinable, entonces alguna cosa inexistente es existente".

En ambos casos, lo que repetirá en "*Primeros Analíticos*" más tarde, Aristóteles acude a la primera figura, aunque aquí no hace uso de variables y se sirve de ejemplos, cosa que no suele hacer en "*Primeros Analíticos*".

4. Preludio de la teoría de las relaciones de clases y de la distinción entre lo necesario y lo contingente: En los "*Tópicos*" la clasificación de los tipos de relaciones de clases aparece anticipándose a su versión de obras posteriores. Si consideramos los términos generales como nombres de clases, derivaríamos en cinco relaciones posibles entre dos clases cualesquiera X e Y:

1ª) Relación de coincidencia entre X e Y.

2ª) Relación de inclusión de Y en X, pero no al revés.

3ª) Relación da inclusión de X en Y, pero no al revés.

4ª) Relación de solapamiento, y

5ª) Relación de total exclusión.

En los "*Tópicos*" estas relaciones se expresan del siguiente modo:

1ª) Es expresión común de los enunciados definitorios o de atribución de una propiedad.

2ª) Se expresa diciendo que Y es una especie de X.

3ª) Se expresa diciendo que Y es un género de X, pues el género abarca más que la especie.

4ª) Es expresión común de los enunciados en los que se atribuye un accidente.

5ª) (no se refiere a ella aquí).

La diferencia entre el esquema cuádruple de la teoría de los predicables y el quíntuple de la teoría de las relaciones de clases se debe a dos razones:

a) Aristóteles se hallaba interesado también por la distinción entre lo necesario y lo contingente, y

b) Aristóteles no reconoció, al ocuparse sólo de enunciados afirmativos, la relación de exclusión.

Así como la teoría de las relaciones de clases se conforma como una alternativa frente a la teoría de las proposiciones cuantificadas, la distinción entre lo necesario y lo contingente, importantísima en "*Tópicos*", es independiente de las dos. Esto lo apreciaría más tarde Aristóteles al querer desarrollar una teoría de los silogismos modales, diferenciándolos de los asertóricos.

5. Preludio de la doctrina de la contraposición de enunciados universales afirmativos: En este pasaje, Aristóteles anticipa la doctrina de la contraposición de enunciados universales afirmativos:

"En todo caso, habría que sentar un postulado de esta suerte: por ejemplo, "Si lo digno de estimación es agradable, lo que no es agradable no es digno de estimación, mientras que, si lo último no es cierto, tampoco lo primero lo será"; de análoga manera "Si lo que no es agradable no es digno de estimación, entonces lo que es digno de estimación es agradable"."

("*Tópicos*", Libro II, Capítulo 8, 113b, 22)

Aquí considera claramente, pese a que nos presenta la regla con un sólo ejemplo, que todo enunciado del tipo: "Si algo es X, ello es Y" es equivalente al del tipo: "Si algo no es Y, ello no es X". Esta tesis se podría generalizar posteriormente, dando lugar a Ja fórmula: "Si la proposición de que-P se sigue de la proposición de que-Q, entonces la proposición de que-no-Q se sigue de la proposición da que-no-P." Aristóteles no presenta esta fórmula, pero, por el contrario, ofrece un principio aún más general, aplicable a argumentos con más de una premisa.

Si un conjunto da proposiciones conforman una conclusión determinada, siendo esta conclusión falsa, una de las premisas necesariamente ha de ser falsa. Esta tesis se halla en la base de la teoría de la reducción indirecta de los silogismos.

4. PASAJES LÓGICOS SIN FINALIDAD ULTERIOR

Hay pasajes en *"Tópicos"* que, pese a ser meramente lógicos, no posibilitaron ninguna aportación posterior de interés. Así, por ejemplo:

"El caso de los términos relativos se ha de tratar de modo semejante al de los términos que expresan un estado y su privación, ya que ambos responden igualmente al modelo de la consecuencia directa. Así, si triple es un múltiplo, un tercio es una fracción; pues lo triple es relativo al tercio, y el múltiplo a la fracción. De nuevo, si el conocimiento es una forma de concebir, entonces el objeto de conocimiento será asimismo objeto de concepción; y si la visión es una suerte de percepción, entonces el objeto de visión será asimismo objeto de percepción."

(*"Tópicos"*, Libro II, Capítulo 8, 114a, 13)

En este párrafo se entrevén dos principios distintos:

1. En la primera de las oraciones que cita, dice que, si una relación entraña a otra, el converso de la primera ha de entrañar también el converso de la segunda.
2. En la segunda oración dice que si, una facultad entraña otra, lo que guarde relación con un caso particular de la primera, ha de tener la misma relación con un caso particular de la segunda.

Ambas tesis son de interés para la teoría de las relaciones, pero no poseen un grado de abstracción suficiente. Además, Aristóteles termina abandonando el tema.

5. TEORÍA DE LA IDENTIDAD

En los *"Tópicos"* también se hace referencia a la teoría de la Identidad. Dicha alusión se encuentra recogida en los siguientes textos:

"Es preciso examinar aún si, en el supuesto de que una de dos cosas sea la misma que una tercera, la otra es también la misma que esta última; pues, si no ocurriera así, estaría claro que tampoco serían idénticas entre sí. Más todavía, hay que examinar esas dos cosas desde el punto de vista de sus respectivos accidentes, así como de aquellas otras cosas de las cuales sean ellas mismas accidentes; pues cualquier accidente que corresponda a la una tendrá asimismo que corresponder a la otra, y si una de ellas corresponde a algo como accidente suyo, otro tanto tendrá que suceder con la segunda. Si en cualquiera de estos respectos se diese alguna discrepancia, es evidente que ambas cosas no serían la misma."

("*Tópicos*", Libro VII, Capítulo 1, 152a, 30)

"Sólo de aquellas cosas que son indistinguibles y por lo tanto una y la misma, está generalmente de acuerdo en conceder que los corresponden todos los mismos atributos."

("*Elencos Sofísticos*", Capítulo 24, 179a, 37)

Aquí se nos aparecen versiones de:
a) El Principio de Transitividad de la Identidad
b) El Principio de Indiscernibilidad de los idénticos, y
c) El Principio de Identidad de los indiscernibles.

El futuro de estas tesis será la reformulación por filósofos posteriores. Su presencia en *"Tópicos"* no es de importancia, y es, tal vez por eso por lo que no se ha hecho a Aristóteles acreedor de su descubrimiento.

6. ARGUMENTOS *"A FORTIORI"*

Los argumentos *"a fortiori"*, o llamados por Aristóteles *"a partir de lo más y de lo menos"*, son unos *"tópos"* que son considerados en profundidad. Es por ello por lo que más tarde deseó Aristóteles incorporar esta tesis a sus desarrollos posteriores, al contrario de lo ocurrido con otras tesis anteriormente citadas.

7. TESIS EXCEDENTES AL DOMINIO DE LA LÓGICA FORMAL, SILOGÍSTICA O NO

En "*Tópicos*" se pueden encontrar bastantes cosas que van más allá del campo lógico formal, sea silogístico o no. Entre lo formal y lo informal existe una diferencia que no parece haber sido formulada de modo inequívoco.

8. IMPORTANCIA REAL POSTERIOR DE LOS "*TÓPICOS*"

En los "*Elencos Sofísticos*", que viene a ser la conclusión de "*Tópicos*", según parece, Aristóteles dice que es él el que ha realizado el primer tratado sistemático sobre dialéctica, en cuanto distinta de la retórica. Esto es "*Tópicos*" y Aristóteles reivindica su valor.

Los "*Tópicos*" ejercieron notable influencia hasta el siglo XVII, pero, pese a ello, no se puede afirmar que hayan contribuido decisivamente al desarrollo do la Lógica. Tan sólo se puede considerar su importancia por cuanto que impulsaron la elaboración de la teoría medieval de los "*consequentiae*".

[50]

5. *"SOBRE LA INTERPRETACIÓN"*

1. ELEMENTOS TEÓRICOS VINCULADOS A LA FILOSOFÍA DE PLATÓN

Parece que los primeros capítulos de *"Sobre la Interpretación"* se encuentran vinculados a la tesis, aparecida en el *"Sofista"* platónico, de la verdad y la falsedad. Esto se debe a que Aristóteles nos invita, de entrada, a definir los términos: *"nombre"*, *"verbo"* y *"proposición"* o *"enunciado"*. Estas expresiones son en Aristóteles, igual que en Platón, símbolos de las *"experiencias mentales"* o *"pensamientos"*, que son consideradas junto a las expresiones verbales.

"Nombre es, pues, un sonido que convencionalmente significa algo, sin inclusión de tiempo, ninguna de cuyas partes tiene significación aisladamente."

("*Sobre la Interpretación* ", Capítulo 2, 16a, 19 y s.)

"Verbo es una palabra que indica el tiempo, ninguna de cuyas partes tiene significación aisladamente, y que es siempre un signo de lo que se expresa de otra cosa."

("*Sobre la Interpretación*", Capítulo 3, 16b, 6 y s.)

"*Oración* es un sonido que convencionalmente significa algo y una de cuyas partes separadamente significa algo en cuanto simple locución, no en cuanto asentimiento (afirmación) o repulsa (negación)."
("*Sobre la Interpretación*", Capítulo 4, 16b, 26-29)

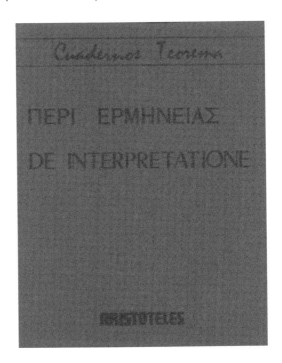

"*Verdadero*" y "*falso*" son predicados que se vinculan a los pensamientos en un primer orden de cosas, por cuanto que, mientras las expresiones verbales son distintas para distintas personas, los pensamientos (o las cosas de las que son imágenes) son los mismos para todos. Sólo por deducción son las expresiones verbales verdaderas o falsas.

Además, Aristóteles sigue a Platón en otros dos aspectos:

1º) Todo pensamiento que quiera ser considerado verdadero o falso habrá de ser compuesto. El nombre posee significación, pero no es verdadero ni falso.

2º) Las expresiones verbales son significativas por convención.

Distingue también entre *nombre* y *verbo*, siendo el primero "*sin tiempo*" y el segundo "*consignifica tiempo*". ¿Qué quiere decir con esto de que "*consignifica tiempo*"? Parece como si Aristóteles pensara que los verbos han de estar en presente, en pasado o en futuro, necesariamente, es decir, que no sería posible una predicación intemporal. Pero no es así, pues al final del capítulo 1 de "*Sobre la Interpretación*" se hace una diferenciación entre dos usos del verbo "*ser*": cuando se usa "*simplemente*" o "*con referencia el tiempo*", rasgo significativo de la consideración de la posibilidad de la intemporalidad.

2. LAS ORACIONES ENUNCIATIVAS O DECLARATIVAS

Entre los tipos de oraciones, distingue Aristóteles las oraciones enunciativas o declarativas, que son una clase especial a cuyos miembros les corresponde, y sólo a ellos, la posibilidad de ser declarados verdaderos o falsos. En este sentido, se distinguen de los ruegos, las interrogaciones, etc., que no pueden ser ni verdaderas ni falsas, aunque, eso sí, poseen significado.

A la oración enunciativa la denomina Aristóteles técnicamente *apófansis* o *lógos apofantikós*.

Cabe decir que no son definidas por Aristóteles las nociones de verdad y de falsedad, pese al papel primordial que ejercen en la configuración de la oración declarativa o enunciativa. En la "*Metafísica*" se nos dice sobre ellas:

"Pues es falso decir de lo que es que no es o de lo que no es que es, y verdadero decir de lo que es que es y de lo que no es que no es."

("*Metafísica*", Libro III, Capítulo 7, 1011b, 26-27).

3. CAPÍTULOS PREVIOS A LA TEORÍA DE LA OPOSICIÓN

Los cuatro primeros capítulos de "*Sobre la Interpretación*" están escritos de modo apresurado y descuidado. La razón estriba en que Aristóteles está ansioso por pasar a la teoría de la oposición y a la clasificación formal de los enunciados, que se deriva de aquélla.

Las cuestiones que se plantean son embarazosas y difíciles de esclarecer. Ello le derivará a preocuparse excesivamente por alguna que otra tesis, como la que mantiene en el capítulo 9, de carácter muy excéntrico y desconcertante.

4. LOS PRINCIPIOS DE CONTRADICCIÓN Y DE TERCERO EXCLUIDO

Antes de pasar a la teoría de la oposición de Aristóteles, es conveniente decir que Aristóteles acepta los principios de contradicción y de tercero excluido:

1. Principio de Contradicción: Al principio de contradicción Aristóteles dedicó un libro entero de la "*Metafísica*" (el Libro III). Es éste un escrito claramente de juventud, pues aparecen en él algunas faltas lógicas. Las formulaciones más importantes del principio de contradicción son las siguientes:

"Lo mismo no puede a la vez convenir y no convenir a lo mismo bajo el mismo respecto."
("*Metafísica*", Libro III, Capítulo 3, 1005b, 19 s.)

"Sea A ser bueno y B no ser bueno...; a todo (sujeto) ha de convenir o A o B, y a ninguno ambos."
("*Primeros Analíticos*", Libro I, Capítulo 46, 51b 36-40)

"Es imposible que (sentencias) contradictorias sean a la vez verdaderas."
("*Metafísica*", Libro III, Capítulo 6, 1011b, 16)

"Es imposible afirmar y negar a la vez con verdad."
("*Metafísica*, Libro III, Capítulo 6, 1011b, 20 s.)

Este principio es sumamente importante, y así nos lo dice el mismo Aristóteles en "*Metafísica*":

"Este es el más firme de todos los principios."
("*Metafísica*", Libro III, Capítulo 3, 1005b, 23 s.)

"Por lo cual, todos los que demuestran, reducen (sus demostraciones) a este (principio) como a creencia última; pues es ésta por naturaleza el punto de arranque también de los otros axiomas."
("*Metafísica*", Libro III, Capítulo 3, 1005b, 32ss.)

En la última cita es claro que *demostrar* significa *refutar* (claro rasgo del que habla el Aristóteles de juventud). Posteriormente, cuando configuró la silogística, donde *refutar* era algo secundario, consideró que el principio de contradicción no era un axioma y que incluso podía ser violado en un silogismo correcto.

2. Principio de Tercero Excluido: Entre las formas de mostrarlo se encuentran las siguientes:

"Respecto de lo que es y de lo que ha sido, es necesario que la afirmación o la negación sean verdaderas o falsas, y en lo que (se predica) universalmente de lo universal, siempre lo uno es verdadero, lo otro falso."
("*Sobre la Interpretación*", Capítulo 9, 18a, 28-31)

"Es necesario que una parte de la contradicción sea verdadera; mas, si es necesario negarla o afirmarla, es imposible que ambas cosas sean falsas a la vez."

("*Metafísica*", Libro III, Capítulo 8, 1012b, 10-13)

Al principio de tercero excluido (*tertium non datur*) dedica Aristóteles el Capítulo 8 del Libro III de "*Metafísica*". Pese a su importancia, Aristóteles ha puesto en duda su validez universal en el capítulo 9 de "*Sobre la Interpretación*". Aquí no quiere considerarlo válido en relación con los futuros contingentes porque:

"Si es verdad decir de algo que es blanco o que no es blanco, es preciso que sea blanco o que no sea blanco..., y es entonces necesario que sea verdadera la afirmación o la negación. Nada hay en consecuencia y nada sucederá ni será nada por acaso o al azar..., sino que todo es por necesidad y no por acaso... Es por consiguiente claro que en toda oposición (contradictoria) la afirmación o la negación es necesariamente verdadera (y) falsa la otra (de ellas); pues, si se trata de los no entes, que pueden ser y no ser, no es lo mismo que respecto de los entes."

("*Sobre la Interpretación*", Capítulo 9, 18a, 39b, 7; y
19a, 39b, 4)

De todas formas, esta consideración no ha poseído excesiva importancia en la totalidad de su sistema lógico. Aun así, la polémica sobre este principio todavía no se ha agotado.

5. EL PRINCIPIO DE BIVALENCIA

En el capítulo 9 de *"Sobre la Interpretación"*, Aristóteles plantea que toda oración enunciativa ha de ser verdadera o falsa. Al principio que muestra esta necesidad se le denomina "Principio de Bivalencia", distinguiéndosele del Principio de Tercero Excluido (que suele representarse como P o no-P, donde P representa el hueco donde se ha de incrustar una oración enunciativa). Los dos principios parecen ser, si nos basamos en las definiciones dadas de verdad y falsedad, equivalentes. Así, por ejemplo,

Si *"Es verdadero que P"* ~ P
(donde ~ significa *"ser equivalente* a")
y *"Es falso que P"* ~ no-P
entonces "P o no-P" ~ "Es verdadero que P o es falso que P"

Lo que parece que Aristóteles hace en el Capítulo 9 es poner en tela de juicio el Principio de Bivalencia y aceptar, a la vez, el del Tercero Excluido. Esto no debe sorprender, pues el enfoque del problema esencial de "*Sobre la Interpretación*" pasa por la elaboración de la noción del par contradictorio:

pareja de enunciados en los que, respectivamente se afirma y niega algo de una misma cosa.

Se puede decir que Aristóteles cometió dos errores en "*Sobre la Interpretación*":

1º) Confundir la oración enunciativa con el enunciado, por un lado, y la proposición, por otro, le condujo a una exposición inoportuna sobre el determinismo y, consecuentemente, a una limitación del Principio de Bivalencia.

2º) Al centrar su atención en las oraciones enunciativas o declarativas sugirió que no hay más relaciones lógicas entre otros géneros de oraciones que no sean éstas. Esto es una grave equivocación.
Ambos errores son de evidente trascendencia filosófica, aunque desde el plano de la lógica no son excesivamente importantes.

6. LAS CUATRO FORMAS DEL ENUNCIADO Y LA TEORÍA DE LA OPOSICIÓN

Aristóteles, en "*Sobre la Interpretación*", agrupa los enunciados por parejas, siendo el segundo miembro de la pareja la negación del primero. Generalmente, uno de los dos enunciados es el contradictorio del otro; así, si el primero es verdadero, el segundo es falso, y viceversa. La excepción a esta regla la constituyen los enunciados indefinidos o indeterminados, del tipo "*El hombre es blanco*". Aquí no hay otro modo de negarlo que diciendo "*El hombre no es blanco*", encontrándonos con que ambos pueden ser verdaderos.

Aparte del enunciado indefinido, Aristóteles establece tres formas de enunciados:

1. Enunciado singular: Un ejemplo es "*Callias es un ciudadano ateniense*". Aquí el sujeto es el nombre de un individuo, que no puede ser predicado, a la vez, de otra cosa.
2. Enunciado general: Por ejemplo, "*El hombre es un ser racional*". En este caso, el sujeto es símbolo de un género de cosas, pudiendo ser predicado de una pluralidad de individuos.

Dentro del grupo de enunciados que hacen referencia a géneros, se pueden distinguir los que son y los que no son de alcance universal. Así tenemos:

1. Enunciado Universal: Como, por ejemplo, "*Todo hombre es blanco*", y
2. Enunciado Particular: Como en el caso de "*Algún hombre es blanco*"

Aristóteles desarrolló dos teorías de la oposición: la primera se encuentra en "*Tópicos*" y corresponde al período más primitivo de su evolución intelectual.

Recogemos aquí su exposición en las "*Categorías*", donde aparece de modo más claro:

"Se dice que una cosa es opuesta a otra en cuatro sentidos: en el sentido de la relación, de la contrariedad, de la privación y del "*habitus*", y, en cuarto lugar, de la afirmación y negación. Para describir en rasgos generales estos opuestos es, por ejemplo, relativo el doble respecto de la mitad, contrario el mal del bien; como privación y "*habitus*" se corresponden mutuamente ceguera y vista, y como afirmación y negación, estar sentado y no estar sentado."

("*Categorías*", Capítulo 10, 11b, 17-23)

La segunda presupone la teoría aristotélica de la cuantificación, que es posterior a "*Tópicos*", y aparece en "*Sobre la Interpretación*". Ésta es la que vamos a considerar nosotros.

A partir de la combinación entre enunciados universales y particulares con los enunciados afirmativos y negativos se llega a una clasificación de cuatro tipos de enunciados generales.

"Pues bien, digo que hay cuatro tipos de proposiciones opuestas en el lenguaje, a saber: convenir a todos y a ninguno, convenir a todos y no a todos, convenir a alguno y a ninguno, convenir a uno y no a uno; en realidad, sin embargo, solamente tres. Porque convenir a uno y no convenir a uno solo, se oponen sólo verbalmente. De éstas son contrarias las universales: convenir a todos y a ninguno, como, por ejemplo, "*Toda ciencia es moralmente buena*", y

"*Ninguna ciencia es moralmente buena*"; las demás son contradictorias."

("*Primeros Analíticos*", Libro II, Capítulo 15, 63b, 23-30)

Los cuatro tipos de enunciados generales que hemos citado son establecidos en el llamado "cuadrado lógico de la oposición". Es éste:

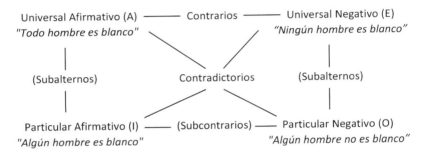

Explicación del cuadrado lógico:

1. Dos enunciados son CONTRADICTORIOS cuando no pueden ser ambos verdaderos, ni ambos falsos.
2. Dos enunciados son CONTRARIOS cuando no pueden ser ambos verdaderos, pero sí los dos falsos.
3. Las cuatro vocales simbólicas de los cuatro tipos de enunciados no son obra de Aristóteles. Se conocen desde la Edad Media.
4. La figura que comúnmente se conoce como "cuadrado lógico" o "cuadrado de la oposición" tampoco se encuentra en el texto

de Aristóteles, pero es un buen resumen de su teoría.

5. Los enunciados particulares son SUBALTERNOS de los enunciados universales. Este título fue establecido por lógicos posteriores.

6. Los enunciados particulares son SUBCONTRARIOS entre sí. Para distinguir estas relaciones de las establecidas por Aristóteles se han escrito entre paréntesis. Aristóteles no empleó estas expresiones, pero estaba claramente interesado en las relaciones que describen. Así, dice que los subcontrarios no pueden ser los dos falsos, pero sí los dos verdaderos a la vez. Asimismo, establece que cada enunciado universal implica su subalterno.

Al existir la necesidad de distinguir entre contrariedad y contradictoriedad de los enunciados generales, éstos se nos muestran con una complejidad lógica muy superior a la de los enunciados singulares. Estas diferencias no suelen considerarse al decir que los primeros tienen la misma forma sujeto-predicado que los segundos. Es por ello por lo que en los últimos tiempos se hayan realizado intentos de reformulación de la doctrina de Aristóteles intentando mostrar mejor la complejidad lógica de los enunciados generales, afirmando el alcance existencial de los enunciados universales.

7. LA OBVERSIÓN

En diversos pasajes del "*Órganon*" aparecen fórmulas con negaciones que determinan nombres, pese a que la negación aparezca generalmente en la lógica de Aristóteles tan sólo como functor determinante de sentencias. Así:

"(De la proposición) "*Todo hombre es no justo*" se sigue "*Ningún hombre es justo*"; la contradictoria de "*Un hombre es justo*" es "*No todo hombre es no justo*", pues ha de haber alguno (justo).

("*Sobre la Interpretación*", Capítulo 10, 20a, 19-22)

En "*Primeros Analíticos*" se desarrolla una doctrina parecida, aunque evidentemente en forma más sistemática y utilizando variables:

"Sean A ser bueno, B no ser bueno, C (comprendiendo) bajo B, ser no bueno; D (comprendiendo) bajo A, no ser no bueno. A todo ha de convenir, o A o B, mas a ninguno mismo (ambos), y o C o B, mas a ninguno mismo (ambos). Y a quien (conviene) C, a todo ése ha de convenir B (porque, si (es) verdad decir que (algo) es no blanco, (será) verdad también (decir) que no es blanco; pues es imposible ser al mismo tiempo blanco y no blanco, o ser madera no blanca y ser madera blanca; y así, si no (se realiza) la afirmación, se realizará la negación. A B, en cambio, no siempre le (convendrá) C (pues lo que ni en absoluto (es) madera, no será tampoco no blanca). Y a la inversa, a quien (conviene) A, a todo (ése) conviene D (pues (le conviene) o C o D; mas como no es posible a la vez ser no blanco y blanco, (le) conviene D; pues de lo que es blanco (es) verdad, en efecto, decir que no es no blanco). Pero A no (conviene) a todo D (pues de lo que no es en absoluto madera, no (es) verdad decir que (sea) A, que sea, por tanto, madera no blanca. De forma que (es) verdadero D, pero no A, (a saber), que (es) madera blanca). Pero (es) claro que tampoco A (y) C en modo alguno (pueden convenir) al mismo, (pero) B y D pueden convenir a uno y mismo."

("*Primeros Analíticos*", Libro I, Capítulo 46, 51b, 36-52a, 14).

8. INNOVACIONES DE "*PRIMEROS ANALÍTICOS*" CON RELACIÓN A "*SOBRE LA INTERPRETACIÓN*"

Son dos las innovaciones que surgen en "*Primeros Analíticos*" en respecto a la exposición en "*Sobre la Interpretación*":

1ª) El uso de las letras como variables, es decir, como signos que indican espacios a rellenar mediante un término general del tipo que sea, cumpliendo la salvedad de que los espacios que sean indicados por la misma letra ha de rellenarse siempre por el mismo término.

¿Tuvo antecedentes esta innovación? Es posible que la utilización de la letra para simbolizar la línea en geometría le podía haber servido de idea a

Aristóteles. El origen de este uso está en Eudoxo[4]. Por otro lado, Diofanto[5], en el siglo III, fue el primero que introdujo un signo especial para las incógnitas algebraicas, siendo ésta, según parece, la primera aparición de algo semejante a una variable numérica en matemáticas.

2ª) Desaparece la fórmula "B es A" y es sustituida por otras más complejas como "A pertenece a B" y "A se predica de B".

Debemos concluir diciendo que, debido a las peculiaridades de la lengua griega, el precio que se pagó por el avance técnico que provocó la introducción de variables fue una considerable dosis de oscuridad filosófica que se habría de cernir sobre la lógica posterior. Por fortuna, la oscuridad filosófica no ha sido un obstáculo insuperable para el progreso lógico.

---

[4] Eudoxo de Cnido, en la actual Turquía, nació cerca del 390 a.C. y murió alrededor del 337 a.C. Fue filósofo, astrónomo, matemático y médico. Tuvo como maestro a Platón. Eudoxo fue el primero que planteó un modelo planetario a partir de un modelo matemático. Por este motivo se le considera el padre de la astronomía matemática.
[5] Diofanto de Alejandría, quien nació alrededor del 214 y falleció cerca del 298, es considerado como "el padre del álgebra".

6. LA SILOGÍSTICA ARISTOTÉLICA

1. DEFINICIÓN DE SILOGISMO

La definición del silogismo aparece en "*Primeros Analíticos*". Es aquel discurso en el que, sentadas ciertas proposiciones, se sigue necesariamente de ellas algo otro, distinto de lo previamente establecido. ("*Primeros Analíticos*". Libro I, Capítulo 1, 24b, 18).

En "*Tópicos*" se utiliza el silogismo como un argumento cualquiera en el que, a partir de dos o más premisas, se llega a una conclusión. Posteriormente, el silogismo se constituyó como un tipo de argumento en el que premisas y conclusión son proposiciones simples y generales. Aristóteles añade a lo dicho que, en el silogismo, la conclusión es el resultado de dos premisas en las que se relacionan los términos que constituyen la conclusión con un tercer término, el llamado término medio.

2. INFLUENCIA PLATÓNICA

Parece ser que la manera de presentar la teoría de los silogismos estuviera determinada, hasta cierto punto, por sus reflexiones sobre el método platónico de la división. Tal método se cita en "*Primeros Analíticos*" y en escritos posteriores, criticándosele el que no constituye un método demostrativo. En realidad, consiste en una forma expositiva o aclarativa de articular nuestro pensamiento. De todas formas, parece ser que influyó en Aristóteles de cara a la configuración del esquema general del razonamiento.

3. TEORÍA DEL SILOGISMO
3.1. Preliminares de la teoría

Antes de entrar a desarrollar la teoría del silogismo, Aristóteles explica por qué los enunciados universales afirmativos y negativos, y los particulares afirmativos son susceptibles de conversión y por qué no lo son los enunciados particulares negativos. Constituyen estas consideraciones las leyes de la conversión de las sentencias:

"Si A no conviene a ningún B, tampoco B convendrá a ningún A; pues si conviniera, en efecto, a alguno, por ejemplo, a C, no sería verdad que A no conviene a ningún B; pues C es, en efecto, uno de los B."

"Si A conviene a todo B, B convendrá también a algún A. Si no conviene, en efecto, a ninguno, tampoco A convendrá a ningún B. Pero se ha supuesto que conviene a todo B."

"Si A conviene a algún B, B ha de convenir también a algún A. Si no conviene, en efecto, a ninguno, tampoco A convendrá a ningún B."

(Para las tres citas: "*Primeros Analíticos*", Libro I, Capítulo 2, 25a, 15-22)

3.2. Las figuras del silogismo

Aristóteles establece tres figuras del silogismo. Estas tres figuras se diferencian entre sí por la posición distinta que el término medio guarda en las premisas.

1º Figura: B ------ A
                     C ------ B

                     A ------ C

El término medio es sujeto en la primera premisa y predicado en la segunda.

"Cuando, pues, tres términos guardan tal relación entre si que el último está en el medio (en su totalidad) todo, y el medio está en el primero (como) en su totalidad o no lo está, resulta necesariamente de los (términos) extremos un silogismo perfecto."
("*Primeros Analíticos*", Libro I, Capítulo 4, 25b, 32-35)

2º Figura: A ------ B
                     C ------ B

                     A ------ C

El término medio es predicado en las dos premisas.

"Cuando lo mismo conviene en uno a todo, en otro no conviene a nada, o en ambas a todo o a nada, a tal figura llamo la segunda."
("*Primeros Analíticos*", Libro I, Capítulo 5, 26b, 34 ss.)

3º Figura: B ------ A
                    B ------ C

                    A ------ C

El término medio es sujeto en las dos premisos

"Si a la misma cosa le conviene universalmente una, y no le conviene universalmente otra, o ambas (le convienen) universalmente o universalmente no (le convienen), a esta figura la llamo tercera."
("*Primeros Analíticos*", Libro I, Capítulo 6, 28a,10 ss.)

Cada par de mayúsculas (C --- B, por ejemplo) simbolizan un enunciado general del tipo que sea (afirmativo o negativo, universal o particular), siendo la segunda letra (en este caso B) el predicado, según la exposición de Aristóteles.

El predicado de la conclusión (C en los tres casos) es el *término mayor*. El sujeto de la conclusión (A en los tres casos) es el *término menor*. El *término medio* es el que aparece en las dos premisas (B en los tres casos).

3.3. El problema de la terminología

Podríamos preguntarnos cuál fue la razón de llamar de este modo a los términos componentes del silogismo. Parece ser que en el primer modo de la primera figura (BArbArA, según veremos, y dicho en terminología postaristotélica), el predicado de la conclusión es, por lo general, el término de mayor extensión; por eso que se le denominase "término mayor". Ahora bien, este criterio es muy artificial, pues el predicado de la conclusión en la segunda y tercera figuras no es el de mayor extensión, y también esto ocurre en los tres restantes modos de la primera figura. Lo cierto es que Aristóteles define "mayor" y "menor" de modo independiente en cada figura, sobre la base de las posiciones que los términos ocupan en la formulación de los silogismos. Sólo en las definiciones de la primera figura se hace referencia a la extensión comparativa de la aplicación de los términos. Aristóteles lo intentó hacer también en la segunda y tercera figuras, pero vio la imposibilidad de su aplicación en estos casos.

Interpretaciones posteriores sobre la terminología han sido realizadas por:

a) **Alejandro de Afrodisia**[6]: Para él, el término mayor es el predicado del "problema" cuya demostrabilidad hay que dilucidar por medio del silogismo. Esta interpretación es bastante aceptable, pues en el Libro I, Capítulo 28, 44a, 36, de "*Primeros*

---

[6] Alejandro de Afrodisia es conocido como el más importante comentarista griego de las obras de Aristóteles. Por este motivo, fue apodado "el exégeta". Vivió en el siglo II, llegando a dirigir el Liceo.

Analíticos", Aristóteles parece que considera a la silogística como una manera de resolver problemas.

Es posible que cuando Aristóteles se refiere al predicado de la conclusión utilice "término mayor", pero esto no lo establecería como una definición, pues cuando se pregunta por la validez del silogismo, en cualquiera de sus formas, no intenta construir un silogismo en su totalidad, sino presentar dos premisas y preguntar cuál es la conclusión que se deriva de ellas, si es que hay alguna. Es por ello por lo que ha de tener algún modo de conocer el término medio partiendo de las premisas únicamente, sin considerar para nada la conclusión. Parece que, en líneas generales, las expresiones "mayor" y "menor" han ido evolucionando en Aristóteles con el tiempo:

---

[7] Alejandro de Afrodisia.

lo que significan es la extensión que poseen en el primer modo de la primera figura, siendo el término mayor el predicado de la conclusión. Aristóteles se servirá de esto cuando adapte la terminología establecida a la segunda y a la tercera figura. Sin embargo, define "término medio" a partir de la posición que tiene el término en las premisas, siendo el que está siempre delante del menor.

b) Juan Filopón[8]: Considera que el término mayor es el predicado de la conclusión, sin más. Filopón reconoce que esta decisión puede parecer arbitraria, pero la acepta. Esta opinión será la sostenida posteriormente.

[9]

---

[8] Juan Filopón o Filópono (490-566) fue un filósofo y teólogo bizantino cristiano, autor de comentarios sobre varias obras de Aristóteles. Se le considera el primer comentarista cristiano importante de su obra.
[9] Juan Filopón.

3.4. La representación del silogismo: ¿esquemas o diagramas?

Aristóteles insiste en la disposición de los tres términos del silogismo en una ordenación lineal. De aquí que sea posible que en vez de representar sus figuras como lo hemos hecho nosotros arriba (como esquemas silogísticos), se hubiera servido de diagramas como estos:

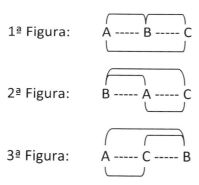

1ª Figura: A ----- B ----- C

2ª Figura: B ----- A ----- C

3ª Figura: A ----- C ----- B

Los enlaces superiores significan que constituyen una premisa. Los enlaces inferiores significan que constituyen la conclusión. Dio por sentado Aristóteles que no podían darse más de tres figuras partiendo de que sólo hay tres maneras de combinar A, B y C en esos diagramas, considerando que el término mayor (A) ha de estar siempre delante del menor (C).

3.5. Los modos del silogismo

Las diversas maneras silogísticas en cada una de las figuras no fueron denominadas por Aristóteles, sino posteriormente, con el título de "modos" del silogismo.

Aristóteles establece catorce modos válidos y unos esquemas derivados que veremos después. Para cada modo establece un principio con carácter de enunciado condicional, actuando letras como variables. Recogemos aquí el conjunto de textos donde aparecen expuestos estos modos silogísticos:

1ª Figura
BArbArA
"Si de todo B se predica A y de todo C, B; de todo C, se ha de predicar A."
   ("*Primeros Analíticos*", Libro I, Capítulo 4, 25b, 37 ss.)

CElArEnt
"De igual forma, si A no conviene a ningún B y B a ningún C, A no convendrá a ningún C."
   ("*Primeros Analíticos*", Libro I, Capítulo 4, 40-26a, 2)

DArlI
"Mas, si un término (se encuentra en relación) de universalidad, y el otro de particularidad respecto de otro, cuando lo universal se halla adscrito al (término) extremo mayor, afirmativa o negativamente, y lo particular al menor afirmativamente, el raciocinio ha de ser completo...

Supongamos que A conviene a todo B y B a algún C... A ha de convenir a algún C".

("*Primeros Analíticos*", Libro I, Capítulo 4, 26a, 17-25)

FErIO

"Y si A no conviene a ningún B, pero B conviene a algún C, (entonces) A no ha de convenir a algún C. Y de la misma manera también si las (premisas) B C son indeterminadas y afirmativas."

("*Primeros Analíticos*", Libro I, Capítulo 4, 26a, 27-29)

2º Figura
CEsArE

"Supongamos que M no se predica, en efecto, de ningún N, pero se predica de todo X; mas como la (premisa) negativa puede convertirse, N no convendrá a ningún M; mas M convenía, por hipótesis, a todo X; luego, N a ningún X; esto queda mostrado, efectivamente, anteriormente."

("*Primeros Analíticos*", Libro I, Capítulo 5, 27a, 5-9)

CAmEstrEs

"A su vez, si M (conviene) a todo N, pero a ningún X, tampoco X convendrá a ningún N. Pues, caso de que M a ningún X, tampoco X a ningún M; pero M convenía a todo N; X no convendrá, por tanto, a ningún N, pues ha resultado, en efecto, de nuevo la primera figura; mas, toda vez que la (conclusión) negativa puede convertirse, tampoco N convendrá a ningún X, de forma que será el mismo raciocinio. Lo mismo se puede mostrar también por reducción al imposible."

("Primeros Analíticos", Libro I, Capítulo 5, 27a, 9-15)

FEstInO

"Si M conviene a X y a ningún N, N no ha de convenir a un X. En efecto, toda vez que la (premisa) negativa puede convertirse, N no convendrá a ningún M; mas se había supuesto que M convenía a un X; así N no convendrá a un X. Resulta, pues, una conclusión por la primera figura."

("Primeros Analíticos", Libro I, Capítulo 5, 27a, 32-36)

BArOcO

"A su vez, si M (conviene) a todo N y no conviene a un X, N no ha de convenir a un X. Pues, si conviene, en efecto, a cualquiera, y además se predica M universalmente de N, M ha de convenir a todo X; ahora bien, se había supuesto que no convenía a uno."

("Primeros Analíticos", Libro I, Capítulo 5, 27a, 36-27b, 1)

3ª Figura
DArAptI

"Si tanto P como R convienen a todo S, (resulta) que P ha de convenir a un R; en efecto, toda vez que la (premisa) afirmativa se puede convertir, S convendrá a un R; de forma que, pues P (conviene) a todo S y S a un R, P ha de convenir a un R; surge, en efecto, una conclusión por la primera figura. La misma demostración se puede hacer también por (reducción) imposible y por éctasis. Si ambos, en efecto, convienen a S y se toma un acierto de S, p. e., N, a éste convendrán tanto P como R, de forma que P convendrá a un R".

("*Primeros Analíticos*", Libro I, Capítulo 6, 28a, 18-26)

FElAptOn

"Y si R conviene a todo S mas a ningún P, la conclusión será que P no conviene necesariamente a un R. Pues es, en efecto, la misma especie de demostración con conversión de la premisa negativa R S. Podría también demostrarse por el impasible como en lo que precede".

("*Primeros Analíticos*", Libro I, Capítulo 6, 26a, 26-30)

DIsAmIs

"Si... R (conviene) a todo S y P a uno, P ha de convenir a un R. Toda vez que, en efecto, la (premisa) afirmativa es convertible, S convendrá a un P, y, por tanto, por convenir R a todo S y S a un P, R convendrá también a un P; luego P conviene a un R."

("*Primeros Analíticos*", Libro I, Capítulo 6, 28b, 7-11)

DAtIsI

"A su vez, si R conviene a uno y P a todo S, P ha de convenir a un R; pues el tipo de demostración es, en efecto, el mismo. Se puede demostrar también por el imposible y por éctasis."

("*Primeros Analíticos*", Libro I, Capítulo 6, 28b, 11-14)

BOcArdO

"Si R (conviene) a todo S, mas P no conviene a uno, P no ha de convenir a un R. Pues, caso de que (conviniera) a todo R, y R a todo S, P convendría también a todo S; mas no le convenía. También se demuestra sin reducción (al imposible) si se supone un S que no conviene a P."

   (*"Primeros Analíticos"*, Libro I, Capítulo 6, 28b, 17-21)

FErIsOn

"Si... P no (conviene) a ningún S y R a alguno, P no convendrá e algún R. Resulta, efectivamente, de nuevo, la primera figura por conversión de la premisa R S."

   (*"Primeros Analíticos"*, Libro I, Capítulo 6, 28b, 33ss.)

Para mayor claridad a la hora de comprender los modos del silogismo de Aristóteles, en la exposición que sigue se van a sustituir las letras utilizadas por el estagirita por M, P y S, para indicar el término medio, el término mayor y el término menor, respectivamente.

A continuación, se exponen una tabla de equivalencias de la simbología utilizada por Aristóteles en los textos anteriores con la que vamos a usar nosotros:

	1ª Figura	2ª Figura	3ª Figura	
Término Mayor	A	N	P	P
Término Medio	B	M	S	M
Término Menor	C	X	R	S
	TEXTOS			EXPOSICIÓN

1ª FIGURA:

BArbArA (AAA)

"Si todo M es P y todo S es M, entonces todo S es P"

Ejemplo: Si todo hombre (M) es animal (P) y todo griego (S) es hombre (M), entonces todo griego (S) es animal (P).

CElArEnt (EAE)

"Si ningún M es P y todo S es M, entonces ningún S es P"

Ejemplo: Si ningún hombre (M) es piedra (P) y todo griego (S) es hombre (M), entonces ningún griego (S) es piedra (P).

DArII (AII)

"Si todo M es P y algún S es M, entonces algún S es P"

Ejemplo: Si todo ateniense (M) es griego (P) y algún lógico (S) es ateniense (M), entonces algún lógico (S) es griego (P).

FErIO (EIO)

"Si ningún M es P y algún S es M, entonces algún S no es P"

Ejemplo: Si ningún griego (M) es egipcio (P) y algún lógico (S) es griego (M), entonces algún lógico (S) no es egipcio (P).

2ª FIGURA

CEsArE (EAE)

"Si ningún P es M y todo S es M, entonces ningún S es P"

Ejemplo: Si ninguna piedra (P) es hombre (M) y todo griego (S) es hombre (M), entonces ningún griego (S) es piedra (P).

CAmEstrEs (AEE)

"Si todo P es M y ningún S es M, entonces ningún S es P"

Ejemplo: Si todo hombre (P) es animal (M) y ninguna piedra (S) es animal (M), entonces ninguna piedra (S) es hombre (P).

FEstInO (EIO)

"Si ningún P es M y algún S es M, entonces algún S no es P"

Ejemplo: Si ninguna piedra (P) es animal (M) y algún hombre (S) es animal (M), entonces algún animal (S) no es piedra (P).

BArOcO (AOO)

"Si todo P es M y algún S no es M, entonces algún S no es P"

Ejemplo: Si todo ateniense (P) es griego (M) y algún lógico (S) no es griego (M), entonces algún lógico (S) no es ateniense (P).

3ª FIGURA

DArAptI (AAI)

"Si todo M es P y todo M es S, entonces algún S es P"

Ejemplo: Si todo ateniense (M) es griego (P) y todo ateniense (M) es hombre (S), entonces algún hombre (S) es griego (P).

FElAptOn (EAO)

"Si ningún M es P y todo M es S, entonces algún S no es P"

Ejemplo: Si ningún ateniense (M) es egipcio (P) y todo ateniense (M) es hombre (S), entonces algún hombre (S) no es egipcio (P).

DIsAmIs (IAI)

"Si algún M es P y todo M es S, entonces algún S es P"

Ejemplo: Si algún griego (M) es lógico (P) y todo griego (M) es ateniense (S), entonces algún ateniense (S) es lógico (P).

DAtIsI (AII)

"Si todo M es P y algún M es S, entonces algún S es P"

Ejemplo: Si todo griego (M) es ateniense (P) y algún griego

(M) es lógico (S), entonces algún lógico (S) es ateniense (P).

BOcArdO (OAO)

"Si algún M no es P y todo M es S, entonces algún S no es P"
Ejemplo: Si algún ateniense (M) no es lógico (P) y todo ateniense (M) es griego (S), entonces algún griego (S) no es lógico (P).

FErIsOn (EIO)

"Si ningún M es P y algún M es S, entonces algún S no es P"
Ejemplo: Si ningún griego (M) es egipcio (P) y algún griego (M) es lógico (S), entonces algún lógico (S) no es egipcio (P).

3.6. Reglas de las figuras del silogismo

Las reglas de las tres figuras del silogismo son las siguientes:

1ª Figura: En la primera figura se prueba la conclusión mostrando que ha sido satisfecha una condición suficiente. Es la única figura en la que pueden demostrarse enunciados correspondientes a las cuatro formas del enunciado general. Posee dos reglas:

1ª) La premisa mayor, es decir, la premisa que contiene el término mayor, ha de ser universal, y

2ª) La premisa menor ha de ser afirmativa.

2ª Figura: En la segunda figura se prueba la conclusión, que ha de ser negativa, mostrando que no ha sido satisfecha una condición necesaria para la aplicación del predicado al sujeto. Posee dos reglas:

1ª) La premisa mayor ha de ser universal, y

2ª) Una de las premisas ha de ser negativa.

3ª Figura: En la tercera figura se prueba la conclusión, que ha de ser particular, mostrando la posibilidad de aducir ejemplos relativos a casos particulares. Posee una regla:

1ª) La premisa menor ha de ser afirmativa.

3.7. Cuatro nuevos modos derivados de la afirmación del alcance existencial de las premisas universales

Los dos primeros modos de la tercera figura (DArAptI y FElAptOn) son los únicos que dependen del alcance existencial de las premisas universales. Sin embargo, hay que decir que la admisión del alcance existencial permitiría derivar conclusiones particulares de cualesquiera premisas que autoricen la derivación de una conclusión general. Según esto, se pueden establecer cuatro nuevos modos:

BArbArI (AAI)

"Si todo M es P y todo S es M, entonces algún S es P"

Ejemplo: Si todo griego (M) es hombre (P) y todo ateniense (S) es griego (M), entonces algún ateniense (S) es hombre (P).

CElArOnt (EAO)

"Si ningún M es P y todo S es M, entonces algún S no es P"

Ejemplo: Si ningún hombre (M) es sapo (P) y todo chino (S) es hombre (M), entonces algún chino (S) no es sapo (P).

CEsArO (EAO)

"Si ningún P es M y todo S es M, entonces algún S no es P"

Ejemplo: Si ningún sapo (P) es hombre (M) y todo chino (S) es hombre (M), entonces algún chino (S) no es sapo (P).

CAmEstrOs (AEO)

"Si todo P es M y ningún S es M, entonces algún S no es P"

Ejemplo: Si toda mujer (P) es guapa (M) y ninguna camella (S) es guapa (M), entonces alguna camella (S) no es mujer (P).

A estos cuatro modos se les denominó en la Edad media "subalternos". De ellos no hay ni rastro en Aristóteles. Son importantes por cuanto permiten que haya seis modos por cada figura (los dos primeros pertenecen a la primera figura y los dos últimos a la segunda). Si no considerásemos el alcance existencial, no podríamos aceptar los dos primeros modos de la tercera figura, ni estos "subalternos", por lo que el número de modos por figura quedaría reducido a cuatro.

3.8. La posibilidad de una cuarta figura

La posibilidad de una cuarta figura es algo que no está muy claro en Aristóteles, pues los silogismos posibles que se incluirían dentro de ella los trata como conclusiones a las que se puede llegar a partir de las comprendidas en la primera figura. En este párrafo encontramos esa supuesta cuarta figura:

"Pero es claro que, en todas las figuras, si no llega a efecto conclusión alguna, siendo ambos términos afirmativos o (ambos) negativos, no resulta necesidad alguna en absoluto; si son, en cambio, afirmativo y negativo, y es (además) el negativo universal, resulta una conclusión sobre la base de la relación del (término) extremo menor respecto del medio, p. e., si A conviene a todo B o a algún B, pero B no conviene a ningún C. Pues convirtiendo las premisas, C no ha de convenir a algún A. Y lo mismo en las demás figuras."

("*Primeros Analíticos*", Libro I, Capitulo 7, 29a, 19-26)

Explicación:

1ª Premisa: A conviene a todo B (I).
2ª Premisa: B no conviene a ningún C (II).

A estas dos premisas se las convierte y permuta:

1ª Premisa: C no conviene a ningún B.
2ª Premisa: B conviene a algún A.

Ahora bien, éstas son las premisas del cuarto silogismo de la primera figura (FErIO), cuya conclusión es:

Conclusión: C conviene a algún A.

Ahora bien, C es claramente el término mayor y A es el término menor. Por eso (II) es la premisa mayor y (I) la menor. Por otra parte, el término medio es predicado en la premisa mayor y sujeto en la menor (de modo contrario a la primera figura). Así, aquí hay una cuarta figura. A este silogismo se le llamaría después FrEsIsOn.
El esquema de la cuarta figura sería:

A ----- B
B ----- C

C ----- A

Siendo:

B = Término medio (M)

C = Término menor (S), y

A = Término mayor (P)

Es claro que Aristóteles no quiere admitir esta cuarta figura. Y esto se sigue del hecho de que define los términos del silogismo, no por su posición en él, sino por su extensión, es decir, no formalmente, sino en base al significado.

Dentro de esta cuarta figura cabe hablar de los siguientes modos:

FrEsIsOn (EIO)

"Si ningún P es M y algún M es S, entonces algún S no es P"

Ejemplo: Si ningún perro (P) es chulo (M) y algún chulo (M) es tonto (S), entonces algún tonto (S) no es perro (P).

FEsApO (EAO)

"Si ningún P es M y todo M es S, entonces algún S no es P"

Ejemplo: Si ningún futbolista (P) es extraterrestre (M) y todo extraterrestre (M) es impotente (S), entonces algún impotente (S) no es futbolista (P).

DImArIs (IAI)

"Si algún P es M y todo M es S, entonces algún S es P"

Ejemplo: Si algún romano (P) es legionario (M) y todo

legionario (M) es militar (S), entonces algún militar (S) es romano (P).

BAmAllp (AAI)

"Si todo P es M y todo M es S, entonces algún S es P"

Ejemplo: Si todo hombre (P) es animal (M) y todo animal (M) es listo (S), entonces algún listo (S) es hombre (P).

CAmEnEs (AEE)

"Si todo P es M y ningún M es S, entonces ningún S es P"

Ejemplo: Si todo ministro (P) es político (M) y ningún político (M) es sincero (S), entonces ningún sincero (S) es ministro (P).

A partir de estos nuevos silogismos de la posible cuarta figura, podemos resumir el plan silogístico aristotélico diciendo que Aristóteles ha establecido las bases necesarias pare un sistema de veinticuatro modos silogísticos, seis por cada figura (cuatro figuras). Sin embargo, de los veinticuatro, él sólo trató diecinueve, y de ellos tan sólo catorce por extenso. Los diez restantes se pueden clasificar en tres categorías:

1ª Categoría: Formulados con precisión = FEsAp0 y FrEsIsOn.

2ª Categoría: No formulados, pero sugeridos con claridad = DImArIs, BAmAllp y CAmEnEs.

3ª Categoría: Sólo indirectamente indicados = los modos subalternos.

Cuando nos referimos a los modos subalternos establecimos cuatro modos: BArbArI, CElArOnt, CEsAr0 y CAmEstrOs. En su "*Historia de la lógica formal*", J.M. Bochenski nos establece cinco modos, a saber, BArbArI, CElArOnt, CEsAr0, CAmEstrOp y CAmElOp.

3.9. Exclusión

Aristóteles enuncia algunas reglas para todos los silogismos, como, por ejemplo, la de que al menos una de las premisas ha de ser universal y al menos una afirmativa ("*Analíticos Primeros*", Libro I, Capítulo 24; 41b, 6 ss.). Pero no intenta extraer la teoría a partir de un grupo posible de tales reglas.

Aristóteles lo que hace es ver qué pares de premisas dan lugar a una conclusión válida que se incluya dentro de una figura (lo que sería un silogismo válido), excluyendo las que no lo hacen. Cuando un par de premisas no da lugar a una conclusión válida, entonces Aristóteles aporta el material necesario para demostrarlo. A este procedimiento se le llama "prueba mediante ejemplos contrastados" (W. D. Ross) o "exclusión", o también "contraprueba mediante ejemplos contrastados" (Jan Lukasiewicz).

La exclusión consiste en presentar dos triadas de términos, de modo que en las dos las relaciones del término medio con los extremos se aplican a alguna de las figuras establecidas. Ahora bien, en una de ellas el término mayor será abarcado por el término menor, tomado de modo universal, mientras que en la otra esto no sucederá. De aquí tendremos que la primera triada servirá de contraejemplo en orden a mostrar que les relaciones que hay entre los términos no permiten llegar a una conclusión negativa, ni universal, ni particular, mientras que la segunda triada actuará también de contraejemplo, pero en orden a mostrar que las relaciones que hay entre los términos no permiten llegar a una conclusión afirmativa, ni universal, ni particular. Al considerar entonces las dos triadas de modo conjunto, veremos cómo las relaciones entre los términos no permiten llegar a una conclusión afirmativa, ni universal, ni particular, y, por tanto, tampoco a ninguna conclusión válida.

Por ejemplo:

Tenemos dos triadas de enunciados verdaderos:

"Todo hombre (M) es animal (P)
Ningún caballo (S) es hombre (M)
Luego, todo caballo (S) es animal (P)

Todo hombre (M) es animal (P)
Ninguna piedra (S) es hombre (M)
Luego, ninguna piedra (S) es animal (P)

Como vemos, son silogismos inválidos de la primera figura, pues no existen (AEA y AEE).

Se sigue de estas relaciones que una pareja de enunciados con las formas "Todo M es P" y "Ningún S es M" es compatible con enunciados de cada una de las cuatro formas "Todo S es P", "Ningún S es P", "Algún S es P" y "Algún S no es P". De este modo, se rechazan a la vez cuatro silogismos inválidos.

3.10. Reducción

La teoría de los silogismos de Aristóteles no puede ni debe ser calificada de asistemática, de ser una mera exposición de principios independientes entre si. La reducción de una figura a otra impide tal calificación.

Pero ¿en qué consiste la citada reducción? Consiste en la transformación o reducción de un modo, cualquiera que sea, de la segunda o tercer figuras, a uno de la primera. Esta teoría reductora se fundamenta en la tesis de que sólo son perfectos los silogismos de la primera figura, es decir, son evidentemente concluyentes sin necesidad de acudir a ninguna argumentación suplementaria. Para la mayoría de los modos, que cabría denominar ahora de figuras imperfectas (por relación a la primera figura, que es la perfecta) esa argumentación o silogismo resultante de la reducción toma la forma de un proceso de conversión.

3.11. Conversión

La conversión es una de las formas de realizar tal reducción. Por ejemplo, CAmEstrEs (de la segunda figura) podría ser validado a CElArEnt (de la primera figura) y a la conversión de dos enunciados universales negativos:

Las leyes de la conversión de las sentencias son tres:

"Si A no conviene a ningún B, tampoco B convendrá a ningún A; pues si conviniera, en efecto, a alguno, p. e. a C, no sería verdad que A no conviene a ningún P, pues C es, en efecto, uno de los B".

"Si A conviene a todo B, B convendrá también a algún A. Si no conviene, en efecto, a ninguno, tampoco A convendrá a ningún B. Pero se ha supuesto que conviene a todo (B)."

"Si A conviene a algún B, B ha de convenir también a algún A. Si no conviene, en efecto, a ninguna, tampoco A (convendrá) a ningún B."
(Para los tres textos: *"Primeros Analíticos"*, Libro I, Capítulo 2, 25a, 15-22)

Se trata de las leyes de la conversión de las sentencias afirmativas (universales y particulares) y de las universales negativas. No es posible la conversión de las particulares negativas, pues es inválido el intento.

Las leyes de la conversión se presuponen para realizar la demostración directa.

3.12. Reducción "ad impossibile" o demostración indirecta

Junto a la demostración directa tenemos la demostración indirecta o reducción "ad impossibile". Para la reducción "ad impossibile", Aristóteles posee dos procedimientos distintos. El primero de ellos no es válido (es el más antiguo). En ambos se presuponen las leyes de la oposición.

<u>Primer Procedimiento</u>: Es utilizado pare la reducción de BArOcO (de la segunda figura) y BOcArdO (de la tercera figura). Tal procedimiento no es concluyente, como ha mostrado Jan Lukasiewicz.

BArOcO: A   Todo animal (P) es pájaro (M)

       O   Alguna lechuza (S) no es pájaro (M), entonces

       O   Alguna lechuza (S) no es animal (M)

El silogismo es correcto así formulado, pues hemos sustituido: pájaro = M; animal = P; y lechuza = S. Pero, las dos premisas y la conclusión son falsas.

Si ahora aplicamos el procedimiento reductivo, configuramos la contradictoria de la conclusión: "Toda lechuza es animal" (A), convirtiéndose en un silogismo en BArbArA de la primera figura, llegando a la conclusión siguiente: "Toda lechuza es pájaro." Esta conclusión es verdadera, debiendo haber sido falsa, pues las premisas eran falsas. Es por ello por lo que el procedimiento ha de ser considerado incorrecto. Sería correcto si Aristóteles no hubiese concebido el silogismo como una sentencia condicional, sino como una regla en la que se parte de premisas afirmadas.

<u>Segundo Procedimiento</u>: Aparece en el Libro Segundo de "*Primeros Analíticos*". Este procedimiento es lógicamente correcto. Aristóteles lo establece en el

momento en que se ocupa de la conversión de los silogismos. Allí se refiere a la sustitución de una premisa por la contradictoria de la conclusión.

Se presuponen dos reglas:
1ª) En la hipótesis "Si p y q, entonces también r", entonces también "Si no-r y q, entonces no-p"
2ª) En la hipótesis "Si p y q, entonces r", entonces también "Si p y no-r, entonces no-q".

Mediante estas reglas y las leyes de la oposición, más algunas reglas de deducción, se puede llegar a la reducción de todos los silogismos a otros.

3.13. Éctesis o exposición

Junto a la conversión y a la reducción "ad impossibile", Aristóteles nos habla de otro proceso denominado "éctesis" o exposición.

Éctesis es el nombre que se dará en otros lugares a la introducción del término extra Γ.

Considera que la exposición se puede utilizar con DArAptI (de la tercera figura) y para la prueba de DIsAmIs y DAtIsI (de la tercera figura), además de dar instrucciones para su uso en BOcArdO (de la tercera figura).

Se ha hablado mucho en torno a la éctesis en la posteridad aristotélica, pero éste es un tema no excesivamente importante. Aristóteles mismo omite toda alusión a la éctesis cuando configura su silogística, siendo el único lugar en el que juega cierto papel relevante la prueba de los silogismos modales. Pero, incluso aquí, una teoría modal mejor configurada le habría permitido pasar sin ella.

4. LA ESENCIA DEL RAZONAMIENTO SILOGÍSTICO

Se ha hablado mucho de la esencia del silogismo aristotélico, habiéndose establecido ciertos pasajes para referirse a ella, apoyando tal o cual generalización, que no tiene nada que ver con su doctrina del silogismo. Una de estas generalizaciones ha sido el "*dictum de omni et nullo*": "Lo que se predica de un todo se predica de cualquier parte de ese todo". Otra generalización al respecto es "*Nota notae est nota rei ipsius*": "Lo que cualifica a un atributo cualifica a la cosa que lo posee".

Realmente, ni la una ni la otra permitiría satisfactoriamente dar cuenta del primer modo de la primera figura. De todos modos, no vale la pena adentrarse demasiado en el tema, pues parece ser que todo surgió de un malentendido. Aristóteles estableció un principio distinto para cada uno de sus catorce modos, dando cuenta en la reducción que los doce últimos podían ser reducidos a los dos primeros. No se puede ignorar esta teoría de la reducción; quienes lo hacen e intentan encontrar un único principio para todos los silogismos no saben de qué va la cosa.

5. ENUNCIADOS CONDICIONALES Y ESQUEMAS INFERENCIALES

Mientras que Aristóteles expresó los distintos modos silogísticos mediante enunciados condicionales (que es como nosotros lo hemos hecho), del tipo: "Si todo M es P, y todo S es M, entonces todo S es P", posteriormente, algunos lógicos, como Galeno y Boecio, lo hicieron mediante esquemas inferenciales, del tipo: "Todo M es P, y todo S es M; luego todo S es P".

Es este último procedimiento el que ha prevalecido entre los lógicos modernos. De todos modos, no hay que conceder excesiva importancia a esta distinción, pues Aristóteles establece sus enunciados condicionales como si fuesen esquemas o reglas de inferencia.

6. EL INTENTO DE JAN LUKASIEWICZ DE PRESENTAR LA SILOGÍSTICA DE ARISTÓTELES COMO UN SISTEMA DEDUCTIVO

Jan Lukasiewicz ha intentado exponer la silogística aristotélica como un sistema deductivo. Este sistema deductivo está formado por cuatro axiomas específicos:

A) Principios silogísticos:

1º. BArbArA: "Si todo M es P y todo S es M, entonces todo S es P".

2º. DAtIsI: "Si todo M es P y algún M es S, entonces algún S es P".

---

[10] Jan Lukasiewicz.

B) Leyes de identidad:
   3ª. "Todo X es X".
   4ª. "Algún X es X".

El resultado al que llega Lukasiewicz es interesante, pero difiere bastante de la concepci6n que de la silogística tenía Aristóteles. Entre uno y otro se plantean fundamentalmente las siguientes diferencias:

1ª) Aristóteles, a diferencia de Lukasiewicz, no pensó que la silogística se basara en un apartado más fundamental de la lógica que se ocupase de las condiciones de condicionalidad y negación. Cuando Aristóteles habla de la reducción de todos los silogismos a los dos primeros de la primera figura, en lo que pensaba era en un proceso parecido a una derivación de tipo arboriforme, no en un sistema deductivo.

2ª) Aristóteles, a diferencia de Lukasiewicz, no pensaba que su tarea habría de ser la de establecer unos axiomas de cara a delimitar el sentido de ciertos signos de relación como A e I. El enunciado universal afirmativo y el particular afirmativo no eran, para él, prioritarios respecto de los demás. Aunque imaginamos que supiera que sus términos generales eran aplicables, no creemos que se imaginara que su teoría presupone la segunda ley de identidad de Lukasiewicz.

3ª) Aristóteles, a diferencia de Lukasiewicz, que presenta las leyes de conversión derivadas de axiomas que no parecen tener nada que ver con ellas, presentó esas leyes, en el capítulo segundo de *"Primeros Analíticos"* como evidentes para todos los que estuviesen familiarizados con la éctesis y la reducción "ad impossibile". El tipo de prueba que Lukasiewicz utiliza para demostrar las leyes de la conversión, parece que no fue concebido hasta la Edad Media, es posible que por Kilwardby, lógico inglés. Además, resulta inconsistente con el plan de Aristóteles considerar a BArbArA y CElArEnt como los principios básicos de su silogística.

7. LA LÓGICA MODAL

1. DEFINICIONES DE ENUNCIADO Y DE SILOGISMO MODAL. TIPOS DE ENUNCIADOS

Junto a los enunciados generales puros (asertóricos) y los silogismos que se derivan de ellos, Aristóteles establece los enunciados y silogismos modales.

El **enunciado modal** es aquel enunciado que utiliza palabras como "necesario", "posible" o equivalentes.

El **silogismo modal** es aquel en el que por lo menos una de las premisas es un enunciado modal.

Entre los enunciados modales podemos distinguir:

a) *Enunciados modales apodícticos*, que son los del tipo "Es necesario que-P", y los

b) *Enunciados modales problemáticos*, que son los del tipo "Es posible que-P".

Además, están los asertóricos, que son los generales puros y que no utilizan ni "posible", ni "necesario".

2. LOCALIZACIÓN DE LA LÓGICA MODAL

La lógica modal aristotélica aparece en "*Sobre la Interpretación*", capítulos 12 y 13, y en "*Primeros Analíticos*", Libro I, Capítulos 3 y 13 (esto en lo referente a enunciados modales). Es en "*Primeros Analíticos*", Libro I, Capítulos 8 a 22, donde se refiere a los silogismos modales.

En el capítulo 12 del "*Sobre la Interpretación*", Aristóteles se plantea dos cuestiones:
  a) ¿Cuál es el contradictorio de un enunciado modal?
  b) ¿Modifican las partículas modales el predicado de una oración o la oración en su conjunto?

La respuesta de Aristóteles es la siguiente:

Respuesta a (a): Según Aristóteles, la contradicción de "Es posible que-P" es "No es posible que-P", no siéndolo "Es posible que-no-P" Lo mismo ocurre con "Es necesario que-P". Aristóteles incluye además "verdadero" y "no-verdadero" dentro de la lista de pares contradictorios. Este parece ser el primer precedente en la historia del tratamiento de la verdad como noción cuasi-modal.

Respuesta a (b): Según Aristóteles, las partículas modales modifican toda la oración en la que intervienen, y no solo una palabra de esa oración. Según Aristóteles, hay que considerar a la cláusula subordinada como el sujeto de la oración modal, que se destina a afirmar o negar la posibilidad, o la necesidad, de lo expresado por la cláusula subordinada. Esto no lo dice Aristóteles con mucha claridad, sin embargo.

En el Capítulo 13 de *"Sobre la Interpretación"*, Aristóteles se ocupa de clasificar las relaciones lógicas existentes entre:
1) "Es posible que-P", "Es contingente que-P" y "Es necesario que-P".
2) Los correspondientes contradictorios, y
3) Las correspondientes expresiones subordinadas negativas, como, por ejemplo, "Es posible que-no-P".

Ni en *"Primeros Analíticos"*, ni en *"Sobre la Interpretación"* se realiza un análisis de las nociones de posibilidad y de necesidad, aunque sí se dice que cana una de ellas podría definirse en términos de la otra, mediante la negación:

"Es posible que-P" → "Es no-necesariamente que-no-P"
"Es necesario que-P" → "Es no-posiblemente que-no-P"

Lo contingente sería, así, definido como lo que es posible y no-necesario.

"Es contingente que-P" → "Es posible y no-necesario que-P"

Así, sería posible definir todos los enunciados modales, partiendo de las nociones de necesidad y posibilidad, y de la negación. Las relaciones quedan así establecidas:

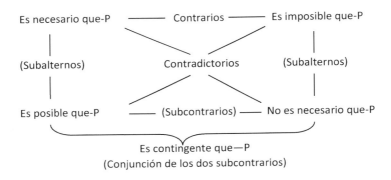

Se suele considerar a la teoría de los silogismos modales como confusa e insatisfactoria. Sería una obra tardía e inacabada que se habría insertado en "*Primeros Analíticos*", mucho después de haber terminado el libro.

Entre las dificultades a las que Aristóteles se enfrentó con su teoría modal, cabe citar las siguientes:

1ª) Definición innecesariamente complicada de posibilidad que impidió una teoría de los silogismos modales mejor.

2ª) Inexistencia de una adecuada lógica de proposiciones y de un simbolismo que también dificultó al mismo Aristóteles para establecer su teoría.

3ª) El método de Aristóteles consiste en recorrer todos los modos silogísticos asertóricos válidos, demostrando los nuevos silogismos que resultan de reemplazar una o las dos premisas asertóricas por proposiciones modales. De aquí resultan 112 posibilidades que, aunque son reducibles algunas a una sola, la cantidad apenas disminuye. Además, desde la época de sus propios seguidores, como Eudemo y Teofrasto, se ha reconocido el carácter dudoso de algunas de estas argumentaciones.

3. TEORÍA DE LA CONVERSIÓN DE LOS ENUNCIADOS MODALES

Como fundamento de la teoría de la conversión de los enunciados modales se encuentra la tesis de que las partículas modales modifican la totalidad del enunciado modal. De ello se sigue que, si un enunciado implica otro, la necesidad o posibilidad del primero se extiende al segundo.

La conversión de los enunciados modales apodícticos, según Aristóteles, se realiza igual que en los enunciados asertóricos.

Presenta dos peculiaridades la teoría de la conversión de los enunciados modales:

1ª) Hay un nuevo tipo de conversión (llamada "conversión complementaria" por Sir David Ross). Es la del tipo: pasar de "Es contingente que-P" a "Es contingente que-no-P".

2ª) Además, Aristóteles dice que el enunciado problemático universal y negativo no admite la conversión simple, considerado como contingente.

4. TEORÍA DE LOS SILOGISMOS MODALES

No vamos a realizar aquí una exposición de la teoría aristotélica de los silogismos modales en su totalidad, pues no posee ninguna finalidad práctica. Además, la teoría de los silogismos modales se puede considerar como errónea, pues:

a) Si las partículas modales modifican sólo a los predicados, no hay necesidad de tal teoría, pues los silogismos modales serian sólo silogismos asertóricos cuyas premisas contienen predicados de una índole peculiar.

b) Si las partículas modales modifican la totalidad del enunciado modal, entonces no se necesita tampoco de esta teoría, pues las reglas que rigen las relaciones lógicas ente enunciados modales serían independientes de los enunciados gobernados por las partículas modales en cuestión.

Aristóteles parece ser que cayó en el error de intentar, tras descubrir el silogismo, de erigirlo en guía de toda la lógica modal.

Al no existir, como hemos dicho, en la base, una lógica proposicional (como la que después sería desarrollada por los estoicos), Aristóteles estaba desorientado al configurar la lógica modal. De todos modos, es interesante decir que fue precisamente gracias a la lógica modal que hizo uso de las variables proposicionales, es decir, de letras que se pueden reemplazar por signos proposicionales, más que por términos. Esto da la impresión de que las exigencias de su investigación le estuviesen impulsando a la adopción del simbolismo pertinente.

5. RAZONES DE LA INCLUSIÓN DE LA TEORÍA MODAL EN LAS INVESTIGACIONES LÓGICAS DE ARISTÓTELES

Son dos las razones por las cuales Aristóteles incluyó la teoría modal en su sistema lógico:

Primera razón: A partir de que se puede distinguir entre lo necesariamente verdadero y lo verdadero de hecho, lo falso y lo imposible, y verdad y falsedad; y a que estas distinciones son aplicables a todo tipo de enunciados, independientemente de su contenido, llegamos a afirmar que la teoría modal, en cuanto teoría de las inferencias dependientes del carácter modal de las proposiciones, formará parte de la teoría general de la inferencia válida, es decir, de la Lógica.

Segunda razón: El examen de la Lógica implica el recurso a las modalidades, ya que las conexiones formales que se dan se describen comúnmente como "necesarias"; y, al intentar explicar la validez de un silogismo, se suele decir que es "imposible" que las premisas sean verdaderas siendo falsa la conclusión.

Si considerásemos que la investigación sobre las nociones que se utilizan en lógica modal ("posible", "necesario", etc.), debiera realizarse por una ciencia diferente (que se podría llamar "metalógica"), habría que seguirla considerando como una prolongación de la lógica. Es, así, mérito de Aristóteles el comienzo de esta indagación.

Los defectos de la teoría modal aristotélica no ha de sorprendernos, por cuanto que constituye el inicio de la investigación en un terreno totalmente inexplorado.

8. LA LÓGICA NO SILOGÍSTICA

En Aristóteles no apreciamos una teoría de los enunciados condicionales que sirva de base a la silogística. Sin embargo, en *"Primeros Analíticos"* aparecen dos argumentos que se han solido considerar como tesis en relación con la condicionalidad. Estos son los principios de contraposición y transitividad.

A. **Principio de Contraposición**: Aparece en una discusión sobre la cuestión de que premisas verdaderas no implican una conclusión falsa, aunque premisas falsas sí pueden dar lugar a una conclusión verdadera. Aquí aparecen las variables proposicionales (es ésta una de las pocas veces en que Aristóteles hace uso de ellas).

El Principio de Contraposición dice así:

"Si dado que-P es necesario que-Q, entonces dado que-no-Q es necesario que-no-P." (*"Primeros Analíticos"*, Libro II, Capítulo 2, 53b, 12)

B. Principio de Transitividad: Aparece mediante un ejemplo, pero usando variables proposicionales puede quedar así:

"Si dado que-P es necesario que-Q y dado que-Q es necesario que-R, entonces dado que-P es necesario que-R." (*"Primeros Analíticos"*, Libro II, Capítulo 4, 57b, 6)

En *"Primeros Analíticos"*, Libro II, Capítulo 4, 57a, 36 - 57b, 17, Aristóteles intenta, por medio de estos dos principios, demostrar que una proposición y su correspondiente contradicción no pueden dar lugar a la misma conclusión.

Esta demostración ha sido de gran importancia, no sólo en filosofía, sino también en las matemáticas posteriores. Los precedentes de este intento no se conocen y no hay nada en Aristóteles que nos permita averiguarlo, aunque parece que se dirige contra alguna teoría megárica, pues lo que Aristóteles critica es la contrapartida de la *"reducción ad impossibile"* de Zenón; siendo la dialéctica zerónica tradicional perpetuada entre los megáricos, que eran los rivales filosóficos de Aristóteles.

Al tratar los llamados argumentos *"a partir de hipótesis"*, nos damos cuenta de que realmente Aristóteles no reconoció la existencia de los enunciados condicionales, ni el género de argumentación que sobre ellos descansa, como objeto de investigación lógica comparable al silogismo.

En los argumentos "a partir de *hipótesis*" se exige considerar los distintos tipos de argumentos con una premisa condicional y, sin embargo, Aristóteles no lo hace así. Esos argumentos con una premisa condicional son los que se llamarían más tarde "*modus ponendo ponens*" y "*modus tollendo tollens*".

Modus Ponendo Ponens: "Si p, entonces q; pero p; luego q".

$$p \rightarrow q$$
$$p$$

$$q$$

Modus Tollendo Tollens: "Si p, entonces q; pero no-q; luego no-p".

$$p \rightarrow q$$
$$\neg q$$

$$\neg p$$

"*Modus tollendo tollens*" se dejaría ejemplificar mediante una reducción "*ad impossibile*". En tres sitios distintos Aristóteles considera esta reducción como un caso de razonamiento a partir de hipótesis:
-- "*Primeros Analíticos*", Libro I, Capítulo 23, 40b, 25.
-- "*Primeros Analíticos*", Libro I, Capítulo 29, 45b, 15.
-- "*Primeros Analíticos*", Libro I, Capítulo 44, 50a, 32.

Cuando no se trata de una "*reductio*", el razonamiento "*a partir de hipótesis*" se inicia con la admisión de que, si una proposición es verdadera, se sigue la conclusión deseada; a continuación, se demuestra mediante silogismos la primera proposición introducida en sustitución, es decir, como suplente de la conclusión y, de este modo, ésta queda establecida "*a partir de hipótesis*".

Parece ser que la hipótesis es el enunciado condicional que se concede inicialmente. Con esta forma de razonamiento Aristóteles contrasta la reducción "*ad impossibile*", considerando que en ella no hace falta ninguna concesión inicial, sino que el asentimiento se halla garantizado debido a que "*la falsedad es obvia*".

Realmente, todo esto es confuso. El origen de la confusión radica en el constante afán de Aristóteles por establecer cuántos, de entre los pasos de un argumento dado, se pueden reducir a la forma del silogismo. Aunque Aristóteles sabía que hay algunas formas de argumentos que no pueden ser reducidas a silogismos, no supo ofrecer un análisis formal de ninguno de ellos.

Aristóteles no llega a incluir en su vocabulario una definición clara para el enunciado condicional, no utiliza nunca el adjetivo *ypothetikós* de cara a ello, ni distingue entre silogismos categóricos e hipotéticos. Serían los estoicos los que se ocuparían de la tarea de establecer la teoría de los argumentos que son válidos gracias al funcionamiento de las oraciones condicionales o de otras oraciones complejas.

9. LAS APORTACIONES DE ARISTÓTELES A LA LÓGICA

Consideradas las doctrinas lógicas de Aristóteles en su conjunto, se pueden establecer las siguientes aportaciones de Aristóteles a la Lógica posterior:

1ª) Creó la lógica formal. En Aristóteles se encuentran por primera vez en la historia:
   a) Una idea clara de ley lógica con validez universal.
   b) El empleo de variables, y
   c) Formas de sentencias que, aparte de variables, sólo contienen constantes lógicas.

2ª) Constituyó el primer sistema de lógica formal. Tal sistema consta de leyes lógicas únicamente y su desarrollo lo realizó mediante el uso de axiomas.

3ª) La parte más importante de la lógica formal de Aristóteles es **la silogística**, que se puede definir como un sistema de lógica de términos que consta, no de leyes, sino de reglas, y que, excepto algunos puntos débiles, está construido sin fallos.

4ª) Además de la silogística, **construyó otras piezas de la lógica de términos**: una lógica modal de gran complejidad y una serie de leyes y reglas que están más allá de la silogística.

5ª) Estableció al final de su vida **fórmulas sentenciales**, aunque no las elaboró, del mismo modo que las denominadas **fórmulas no-analíticas** de la lógica de términos.

6ª) La Lógica de Aristóteles es **formal, pero no formalística**. Carece de la explicación de la diferencia entre ley y regla, y en ella la semántica está en pañales.

La lógica de Aristóteles no sólo fue algo enteramente nuevo, sino que fue realizada con un alto grado de perfección. Su influencia ha sido importantísima durante más de dos milenios sobre la totalidad de los lógicos, y ha hecho que toda la historia de la lógica se moviera sobre el marco establecido por él.

10. BIBLIOGRAFÍA

BOCHENSKI, Józef Maria, *Historia de la Lógica Formal.*
Editorial Gredos, Madrid. 1ª Reimpresión, 1976. Capítulo II de la 2ª Parte. Páginas 52-115.

KNEALE, William y Martha, *El desarrollo de la lógica.*
Editorial Tecnos. Colección Estructura y Función, número 38. Madrid, 1972. Páginas 22-106.

LUKASIEWICZ, Jan, *La silogística de Aristóteles desde el punto de vista de la lógica formal moderna.*
Editorial Tecnos. Colección Estructura y Función, número 47. Madrid, 1977.

PRIOR, Arthur Norman, *Historia de la Lógica.*
Editorial Tecnos. Madrid, 1976. Páginas 16-27.

FUENTES DE LAS IMÁGENES

http://www.amuraworld.com/topics/history-art-and-culture/articles/5745-el-amor-por-la-sabiduria

2. EL "ÓRGANON" ARISTOTÉLICO

http://theduran.com/alexander-mercouris-not-even-aristotle-explain-us-foreign-policy
https://commons.wikimedia.org/wiki/File:Kopf_des_Aristoteles_1.jpg

3. *"CATEGORÍAS"*

https://produto.mercadolivre.com.br/MLB-715016491-livro-categorias-de-aristoteles-novo-_JM

4. *"TÓPICOS"*

https://www.amazon.es/T%C3%B3picos-English-Arist%C3%B3teles-ebook/dp/B009H7SC6G

5. *"SOBRE LA INTERPRETACIÓN"*

https://www.iberlibro.com/servlet/SearchResults?an=arist%F3teles&n=-1+100121503&sortby=17&cm_sp=pan-_-srp-_-used

6. LA SILOGÍSTICA ARISTOTÉLICA

https://thevirtuallibrary.org/index.php/es/libros/filosofia-y-psicologia/book/epistemologia-237/analiticos-primeros-analytica-priora-789
https://sobregrecia.com/2013/10/02/alejandro-de-afrodisia-y-la-obra-de-aristoteles/
http://www.quenotelacuenten.org/apologetica/website/indexa e8e.html?id=5839
https://es.wikipedia.org/wiki/Jan_%C5%81ukasiewicz

9. LAS APORTACIONES DE ARISTÓTELES A LA LÓGICA

http://arminius.nu/programma/cursussen-filosofie/

CONTROL DE LA LECTURA DEL LIBRO

1. FICHA BIBLIOGRÁFICA

1. Autor: *(0'25 puntos)*

```
┌─────────────────────────────────────────────┐
│                                               │
│                                               │
└─────────────────────────────────────────────┘
```

2. Año en que fue publicada la primera edición: *(0'25 puntos)*

```
┌─────────────────────────────────────────────┐
│                                               │
│                                               │
└─────────────────────────────────────────────┘
```

3. Editorial: *(0'25 puntos)*

```
┌─────────────────────────────────────────────┐
│                                               │
│                                               │
└─────────────────────────────────────────────┘
```

4. Número de páginas: *(0'25 puntos)*

```
┌─────────────────────────────────────────────┐
│                                               │
│                                               │
└─────────────────────────────────────────────┘
```

2. ESTRUCTURA DEL LIBRO

1. ¿Cuáles son los apartados del libro? *(1 punto)*

3. OPINIÓN PERSONAL

1. ¿Te gustó el libro, en general? ¿No te gustó? ¿Por qué? *(1 punto)*

2. ¿Te pareció que faltó o sobró algo en el libro? Si sí o si no, ¿Por qué? *(1 punto)*

3. ¿Qué es lo que más ha llamado tu atención del contenido del libro? ¿Por qué? *(1 punto)*

4. Cita las cinco frases del filósofo que más te hayan impactado y explica por qué *(5 puntos)*

1ª CITA. Extraída de la página _____.

¿Por qué te ha impactado?

[131]

2ª CITA. Extraída de la página _____.

[132]

¿Por qué te ha impactado?

3ª CITA. Extraída de la página _____.

¿Por qué te ha impactado?

4ª CITA. Extraída de la página _____.

¿Por qué te ha impactado?

5ª CITA. Extraída de la página _____.

¿Por qué te ha impactado?

OBRAS DEL AUTOR

Colección: LIBROS DE TEXTO Y CUADERNOS DE TRABAJO

1. PLATÓN. Viaje al mundo de las Ideas.
2. DESCARTES. En busca de la certeza.
3. NIETZSCHE. A martillazos con los prejuicios.
4. UNA HISTORIA DE LA FILOSOFÍA PARA LOS JÓVENES DE HOY. I. Los primeros filósofos. II. Los filósofos clásicos
5. UNA HISTORIA DE LA FILOSOFÍA PARA LOS JÓVENES DE HOY. III. Las escuelas morales. IV. La filosofía Medieval. V. La filosofía renacentista.
6. UNA HISTORIA DE LA FILOSOFÍA PARA LOS JÓVENES DE HOY. VI. La filosofía Moderna.
7. UNA HISTORIA DE LA FILOSOFÍA PARA LOS JÓVENES DE HOY. VII. La filosofía del siglo XIX.
8. UNA HISTORIA DE LA FILOSOFÍA PARA LOS JÓVENES DE HOY. VIII. La filosofía de los siglos XX y XXI.
9. FILOSOFÍA PARA LOS JÓVENES DE HOY. 1. ¿Qué es la Filosofía?
10. FILOSOFÍA PARA LOS JÓVENES DE HOY. 2. ¿Qué es el hombre?
11. FILOSOFÍA PARA LOS JÓVENES DE HOY. 3. ¿Qué puedo conocer?

12. FILOSOFÍA PARA LOS JÓVENES DE HOY. 4. ¿Qué debo hacer?
13. FILOSOFÍA PARA LOS JÓVENES DE HOY. 5. ¿Cómo debo razonar?
14. LAS PREGUNTAS DE LA VIDA. Cuaderno de Trabajo. Filosofía 4º ESO.
15. PSICOLOGÍA para los jóvenes de hoy. Cuaderno de Trabajo.
16. VALORES ÉTICOS. 1º ESO. Cuaderno de trabajo.
17. VALORES ÉTICOS. 2º ESO. Cuaderno de trabajo.
18. VALORES ÉTICOS. 3º ESO. Cuaderno de trabajo.
19. VALORES ÉTICOS. 4º ESO. Cuaderno de trabajo.

Colección: LECTURAS DE FILOSOFÍA

1. EPICURO. Una filosofía para tu vida.
2. PLATÓN. Defensa de Sócrates.
3. CONFUCIO. Una guía para la conducta.
4. ARISTÓTELES. Virtud y felicidad.
5. EPICTETO. Un manual para la vida.
6. CICERÓN. Las ventajas de la vejez.
7. CICERÓN. La importancia de la amistad.
8. KANT. El sentido del deber.
9. MORE. Un mundo nuevo es posible.
10. SÉNECA. La brevedad de la vida.
11. ARISTÓTELES. La lógica del pensamiento.

12. SÉNECA. El logro de la felicidad.
13. KUHN. El progreso revolucionario de la ciencia.
14. TOMÁS. ¿Iglesia o Estado?
15. STAR TREK. Una sociedad para el futuro.
16. MARCO AURELIO. Meditaciones de un Emperador.
17. LOS PRESOCRÁTICOS. ¿Cuál es el origen de todo?
18. PLATÓN. ¿Cuál es la mejor forma de gobierno?
19. DESCARTES. ¿Tenemos alma o sólo somos materia?
20. NIETZSCHE. ¿Es necesario acabar con Dios?
21. EPICURO. ¿Placer sin control o control del placer?
22. ARISTÓTELES. ¿En qué consiste la felicidad?
23. LOS ESTOICOS. ¿Es posible mantenerse imperturbable ante la adversidad?
24. MARX. ¿Qué es necesario cambiar en la sociedad?
25. KANT. ¿Debemos cumplir siempre con nuestro deber?
26. HUME. ¿De qué dependen nuestras decisiones morales?
27. ROUSSEAU. La importancia de la educación.
28. DIÓGENES. ¿Debemos cumplir con las convenciones sociales?
29. TOMÁS DE AQUINO. ¿Existe Dios?
30. SÓCRATES. ¿Se debe cumplir siempre la ley?

Made in the USA
Columbia, SC
22 December 2024

50510125R00086